Daniel Dorniok

Vereinbarkeit von Beruf und Familie

Maßnahmen zur Work-Life-Balance und ihre Auswirkungen auf Unternehmen und Beschäftigte

Dorniok, Daniel: Vereinbarkeit von Beruf und Familie: Maßnahmen zur Work-Life-Balance und ihre Auswirkungen auf Unternehmen und Beschäftigte, Hamburg, Igel Verlag RWS 2014

Buch-ISBN: 978-3-95485-019-8
PDF-eBook-ISBN: 978-3-95485-519-3
Druck/Herstellung: Igel Verlag RWS, Hamburg, 2014

Bibliografische Information der Deutschen Nationalbibliothek:
Die Deutsche Nationalbibliothek verzeichnet diese Publikation in der Deutschen Nationalbibliografie; detaillierte bibliografische Daten sind im Internet über http://dnb.d-nb.de abrufbar.

Hermannstal 119k, 22119 Hamburg
http://www.diplomica.de, Hamburg 2014
Printed in Germany

Autor:

Dr. rer. pol. Daniel Dorniok, Dipl. Soz.,

Department für Wirtschafts- und Rechtswissenschaften

Carl von Ossietzky Universität Oldenburg

Ammerländer Heerstr. 114-118

26129 Oldenburg

Fakultät II

Fachgebiet Produktion und Umwelt

Arbeits- und Forschungsschwerpunkte:

Work-Life-Balance, Wissen und Nichtwissen in Beratungsorganisationen, Organisationsforschung, Soziologische Theorie, Systemtheorie, Beratungsforschung, Energiewende, Energiegenossenschaften, Unternehmensprozesse, Supply-Chain-Management

Inhaltsverzeichnis

Abbildungsverzeichnis

Tabellenverzeichnis

1. Einführung in die Thematik

In dieser Arbeit geht es um Work-Life-Balance-Maßnahmen oder auch um Maßnahmen zur Vereinbarkeit von Arbeit und Leben und nicht nur um Maßnahmen zur Vereinbarkeit von Familie und Beruf. Denn die zuerst genannten Begrifflichkeiten ermöglichen es, alle Beschäftigten mit einzubeziehen.

Sie beschränken sich und begrenzen die vereinbarkeitsfördernden Maßnahmen nicht nur auf Familien, wie bei der Vereinbarkeit von Familie und Beruf oder der familienfreundlichen Personalpolitik. Work-Life-Balance-Maßnahmen werden damit als Instrumente einer umfassenderen betrieblichen Personalpolitik verstanden. Die Vereinbarkeit von Beruf und Familie wird als ein Teil der Work-Life-Balance-Thematik verstanden. Dies ist ebenfalls so zu begründen, dass bestimmte Maßnahmen, die oft ausschließlich als familienfreundlich eingestuft und untersucht werden, für alle Gruppen von Erwerbstätigen nützlich sein können, wenn sie schon für Beschäftigte mit Kindern vorteilhaft sind.

Work-Life-Balance-Maßnahmen werden unterschieden als alle Maßnahmen, die die Verbesserung der Vereinbarkeit von Arbeit und Leben schaffen, bzw. unterstützen. Im Prinzip können dies daher sogar solche Maßnahmen sein, die eine besseren Balance, also einen besseren Ausgleich von Arbeit und Leben ermöglichen, aber ursprünglich nicht dafür eingeführt wurden, sondern beispielsweise aus betriebswirtschaftlichen Gründen. Deshalb werden alle Maßnahmen eingeschlossen, die die Balance von Erwerbsarbeit und Nicht-Erwerbsarbeit, Privatleben, also auch Familie, Freizeit, individuelle Lebensplanung etc. betreffen: Im „Kern geht es dabei um personalpolitische Strategien zur besseren Vereinbarkeit von Beruf, Familie und Privatleben.“[1] Und man kann den Begriff noch weiter ausdehnen.

---

[1] BADURA et al., 2004: S. V

KASTNER (2004) hält es sogar für „sinnvoll, die Balance nicht nur auf den Ausgleich von Arbeits- und Privatleben zu beziehen, sondern auf das Austarieren von belastenden und erholenden Aktivitäten in beiden Handlungsbereichen“[2], also auf einen Ausgleich von Anspannung und Entspannung. Er hält die Unterscheidung von Investition und Konsum anstatt Arbeit und Freizeit für sinnvoller, und dann geht es um einen „Ausgleich von investiven und konsumtiven Tätigkeiten.“[3] Ein Arbeitsloser hätte damit keine Balance, weil er nicht einmal die Möglichkeit des Versuchs hat, einen Ausgleich zwischen Arbeit und Leben herzustellen. Letztendlich kommt es auf den einzelnen Beschäftigten an: Work-Life-Balance ist Work-Life-Balance, wenn das Verhältnis von Arbeit und Leben als balanciert empfunden wird.

Problematisch an dem Begriff der Work-Life-Balance ist zunächst einmal die implizite Trennung von Arbeit und Leben, als ob die Arbeit nicht zum Leben gehören würde. Doch auch die Arbeit gehört zum Leben, ob selbstbestimmt oder fremdbestimmt. Des Weiteren wird der Arbeitsbegriff oft unscharf benutzt und/oder sehr weit ausgeweitet, so dass auch das Leben zur Arbeit wird: „Die Gestaltung des Alltagslebens zu einer verlässlich funktionierenden Lebensführung ist zu einer komplexen, individuellen Leistung, zu einer Arbeit eigener Art geworden.“[4] Daher wird unter Arbeit im Folgenden Erwerbsarbeit verstanden und unter Leben das außerberufliche und außerbetriebliche Privatleben, das zwar beim Begriff der Work-Life-Balance hinter der Arbeit verortet wird, dessen Gegenwart aber doch implizit als zumindest gleichwertig angesetzt wird.

Es ist zu erwarten, dass Work-Life-Balance-Maßnahmen, zur Verbesserung der Vereinbarkeit von Arbeit/Beruf und Leben/Familie, eine immer größer werden-

---

[2] KASTNER, 2004: S. 3
[3] KASTNER, 2004: S. 8
[4] KUDERA, 2000: S. 83

de Bedeutung zukommen wird und zwar sowohl für Unternehmen als auch für die Beschäftigten.

Für die Beschäftigten wird die Herstellung einer Work-Life-Balance immer wichtiger, weil die Arbeit für einige Teile der Bevölkerung, nämlich für Vollzeitbeschäftigte, zunehmend das Leben dominiert. Für sie nimmt die Arbeit in ihrer Intensität stark zu, so stellt OPASCHOWSKI (2004) die Arbeitsformel: „0,5 x 2 x 3“ auf, „d.h. die Hälfte der Mitarbeiter verdient doppelt so viel und muss dafür dreimal so viel leisten wie früher.“[5] Die arbeitsfreie Zeit kann dann letztlich nur zur Reproduktion der Arbeitsfähigkeit genutzt werden. Das Verhältnis der Bereiche Arbeit und Leben wird dadurch immer spannungsreicher. Mit globalisierten Märkten und zunehmender Bedeutung von Technik und Information werden räumliche und zeitliche Grenzen immer unbedeutender. Um auf den Markt und den Kunden reagieren zu können, wird die Arbeitszeit immer flexibler gestaltet und ausgedehnt, außerdem kann und muss vieles gleichzeitig bearbeitet werden.

Die Anforderungen der Arbeit dehnen sich zunehmend in die angrenzenden Bereiche des Lebens aus. Beide Lebensbereiche Arbeit und Leben diffundieren. Das Privatleben wird in der Folge ebenfalls rationell eingerichtet, es wird an marktförmigen Rationalitäten orientiert oder anders: es kommt zu einer „Kolonialisierung der Lebenswelt.“[6]

Eine völlige Dominanz der Arbeit im Leben der Individuen, zu starker Stress und/oder Dauerstress im Beruf, eine permanente Überlastung[7] und die Angst vor Entlassung ermöglichen höchstens kurzfristig eine Mehrleistung von den ArbeitnehmerInnen, langfristig ist mit Fehlentscheidungen, Demotivation und in-

---

[5] OPASCHOWSKI, 2004: S. 438

[6] HABERMAS, 1981

[7] Teilweise auch durch Total Quality und Just-in-Time-Produktion, wenn diese ein Betriebsklima schaffen, das von ständig anhaltendem Alarm und Notfall geprägt ist.

nerer Kündigung zu rechnen. Soziale und partnerschaftliche Probleme, körperliche und psychische Störungen oder Krankheiten nehmen zu.

Die Work-Life-Balance-Problematik ist ebenfalls in Bezug auf Entwicklungen wie der Flexibilisierung der Arbeit,[8] die in aktuellen Diskursen mittels Konzepten wie der Entgrenzung[9] und der Subjektivierung[10] thematisiert wird, von Bedeutung. Denn gerade vor diesem Hintergrund wird eine erfolgreiche Work-Life-Balance, eine bessere Vereinbarkeit von Arbeit und Leben verstärkt notwendig. Denn es wird für die Beschäftigten immer schwerer Arbeit und Leben/Freizeit/Familienzeit etc. abzugrenzen.

Für Unternehmen werden Maßnahmen zur Vereinbarkeit von Arbeit und Leben ihrer Beschäftigten aus Gründen der demographischen Entwicklung ebenfalls zunehmend wichtiger. Um ihre langfristige Wettbewerbsfähigkeit zu sichern, müssen sie ihre Attraktivität bei qualifizierten Beschäftigten in einem immer enger werdenden Arbeitsmarkt erhalten. Aktuelle Forschungen rechnen nämlich mit einer Alterung der Gesellschaft. Prognosen zufolge kommt es zu einem Bevölkerungsrückgang bis zum Jahre 2050 von aktuell 82 Mio. auf ca. 70 Mio. bei einer Steigerung der Lebenserwartung. 2050 stehen doppelt so viele ältere Menschen wie heute Personen im Erwerbsalter gegenüber.

Gleichzeitig ist mit einem Rückgang des Erwerbspersonenpotentials von aktuell ca. 42 Mio. auf 25 bis 35 Mio. zu rechnen, wodurch eine Erhöhung des Defizits an qualifizierten Fach- und Führungskräften zu erwarten ist.[11] Auch Veränderungen der Familienstrukturen, wie späte Familiengründungen und weniger kinderreiche Familien bei mehr Kinderlosen, verstärken diesen Effekt. Wenn Unternehmen als familienfreundliche Unternehmen gelten, indem sie eine bessere

---

[8] Vgl. allgemein SENNETT, 2000
[9] Vgl. GOTTSCHALL & VOß, 2003 auch KRATZER, 2003
[10] Vgl. MOLDASCHL & VOß, 2002
[11] Vgl. ROST, 2004: S. 16f. auch ENGELBRECH, 2002

Vereinbarkeit von Arbeit und Familie ermöglichen, kann dies als Anreiz für qualifiziertes Personal gelten zu diesem Unternehmen zu gehen und sich an ebendieses zu binden.[12]

Weiterhin können Konflikte zwischen der Arbeit und dem Privatbereich die Mitarbeiter so belasten, dass Konflikte im Privatleben entstehen. Dies kann dann negative Konsequenzen für das Unternehmen nach sich ziehen. So kann vermehrter Stress auf der Arbeit auch Stress in der Partnerschaft begünstigen, der sich wiederum negativ auf die Arbeit auswirkt wie erhöhte Fehlzeiten und unterdurchschnittliche Arbeitsleistungen. Schließlich könnte eine verbesserte Vereinbarkeit von Beruf und Familie das teilweise rückläufige Arbeitskräfteangebot durch verstärkte Erwerbstätigkeit von Frauen auffangen.

Work-Life-Balance-Maßnahmen sind also für Beschäftigte und Unternehmen gleichermaßen interessant, versprechen sie doch einerseits den Beschäftigten eine bessere Vereinbarkeit von Arbeit/Beruf und Leben/Familie ermöglichen zu können und andererseits den Unternehmen Kosten zu vermeiden, die aus einer Dysbalance von Arbeit und Leben ihrer MitarbeiterInnen resultieren wie solche durch erhöhte Fehlzeiten, einen Arbeitsplatzwechseln usw. oder sogar einen darüber hinausgehenden Nutzen zu schaffen.

Ob Work-Life-Balance-Maßnahmen tatsächlich einen derartigen Nutzen bringen können, soll der Untersuchungsgegenstand dieser Arbeit sein. Genauer: Es sollen die Auswirkungen von Work-Life-Balance-Maßnahmen auf Unternehmen und ihre Beschäftigten untersucht werden.[13] Als Kernfrage soll behandelt werden wie sich diese auf Unternehmen und Beschäftigte auswirken.

---

[12] Vgl. Rost, 2004: S.16

[13] Völlig unbeobachtet dagegen soll die staatliche Familienpolitik bleiben. Es wird mit Rost 2004 angenommen, dass staatliche Maßnahmen zur besseren Vereinbarkeit von Beruf und Familie zwar hilfreich sind, aber Maßnahmen der privaten Wirtschaft ausschlaggebend sind (Vgl. Rost, 2004: S. 8).

In Literaturarbeit soll der dokumentierte Stand der Forschung bezüglich Work-Life-Balance-Maßnahmen und ihrer Auswirkungen mittels aktueller und relevanter Studien dargestellt werden. Beachtet und analysiert werden dabei schwerpunktmäßig empirische Arbeiten, die sich mit vereinbarkeitsfördernden Maßnahmen und familienfreundlicher Unternehmens- und Personalpolitik und ihren Auswirkungen beschäftigen.

Neben empirischen Studien aus Deutschland werden außerdem internationale Studien angeführt, allerdings eher zurückhaltend, aufgrund der problematischen Übertragbarkeit.[14]

Beachtet wurden generell nur als „wissenschaftlich" einzustufende Arbeiten. Die vielen populärwissenschaftlichen Texte, oft mit konkreten Handlungsanweisungen für Betroffene, wurden bewusst ignoriert.
Es gibt viele Möglichkeiten und Ansätze sich der Work-Life-Balance-Thematik zu nähern, über die Genderproblematik,[15] über Arbeitslosenproblematik,[16] über den medizinischen Zugang,[17] über die Freizeitforschung[18] oder einen politischen Zugang[19] etc. Um zu untersuchen, ob Work-Life-Balance-Maßnahmen so nützliche Auswirkungen haben wie oben beschrieben, oder welche Auswirkungen sie überhaupt haben, sollten sie nicht nur auf ethische, moralische und politische Kriterien hin beobachtet und bewertet werden, sondern auf ihre wirtschaftlichen Auswirkungen, Vorteile und nutzenstiftenden Dimensionen im Allgemeinen und die Kosten und Nachteile, die aus ihnen folgen. So ist es vorteilhaft, die Auswirkungen von vereinbarkeitsfördernden Maßnahmen auf die Unternehmen als betriebswirtschaftliche Kosten oder Nutzen zu unterscheiden. Gerade auch um sie für Organisationen, die betriebswirtschaftlichen Kalkülen unterliegen, bzw. auf

[14] Siehe dazu auch Bundesministerium für Familie, Senioren, Frauen und Jugend u. a., 2003a: S.11
[15] Vgl. Metz-Göckel, 2004
[16] Vgl. Kuhnert, 2004
[17] Vgl. Lümkemann, 2004
[18] Vgl. Opaschowski, 2004
[19] Vgl. Kuhn, 2004

betriebswirtschaftliche Kalküle hin ihre Umwelt beobachten und deren Entscheidungen daran ausgerichtet werden, in ihrer betriebswirtschaftlichen Vorteilhaftigkeit darzustellen und interessant zu machen.[20]

Für die Beschäftigten stehen ebenfalls Kosten und Nutzen von Maßnahmen zur Work-Life-Balance im Vordergrund, eine nähere Durchleuchtung der Studien ist hier wichtig, da oftmals der Nutzen von vereinbarkeitsfördernden Maßnahmen als evident vorausgesetzt wird. In Bezug auf die Beschäftigten sind darunter ebenfalls allgemein alle Veränderungen zu verstehen, die sowohl das Berufs- als auch das Privatleben betreffen und den Maßnahmen zugerechnet werden können.

Eine verbesserte Vereinbarkeit kann durch diverse Arbeitszeitmodelle, Veränderungen der Arbeitsorganisation und Arbeitsorte, Gesundheitsprogramme etc. hergestellt werden. Aus der Masse von Work-Life-Balance-Maßnahmen wurden für diese Arbeit nur solche herausgefiltert, die von Unternehmen praktiziert werden, die schon als außerordentlich familienfreundlich gelten und von der berufundfamilie gGmbH als solche „zertifiziert" wurden.[21] Um die Maßnahmen auf ihre konkreten Auswirkungen hin besser analysieren zu können, ist es vorteilhaft diese in thematischen Kategorien zusammenzufassen. Zu unterscheiden sind im Folgenden drei Gruppen von Maßnahmen:

---

[20] Dies scheint besonders in einer Zeit wichtig zu sein, in der wirtschaftliche Kriterien alle anderen Gründe zu dominieren scheinen, so geben 44 % der im Auftrag der GEMEINNÜTZIGEN HERTIE-STIFTUNG (2003) befragten Unternehmen fehlende finanzielle Mittel als Hindernis zur Einführung von familienfreundlichen Maßnahmen an, weitere Hemmnisse sind die konjunkturelle Krise und mangelnde Zeit und das obwohl 90 % der Unternehmen an der Thematik interessiert sind (Vgl. GEMEINNÜTZIGE HERTIE-STIFTUNG, 2003: S. 28).

[21] Zu solchen Unternehmen gehören Adidas-Salomon AG, Standort Herzogenaurach, Commerzbank, DaimlerChrysler AG, Werk Wörth, Dresdner Bank, Echter GmbH, Gerhard Rösch, INOSOFT AG, Techniker Krankenkasse als Beispiele von Unternehmen, die ein Zertifikat besitzen, was über das Grundzertifikat hinausgeht, dass heißt die Umsetzung ihrer Zielvorgaben wurde nach einem 3 jährigen Prozess überprüft. Daraufhin wurden sie Re-Auditiert und besitzen das Zertifikat zum Audit berufundfamilie, mit dem ihnen bestätigt wird, dass sie eine familienbewusste Personalpolitik praktizieren und um eine Balance von Beruf und Familie bemüht sind. Im Grundzertifikat dagegen wurde die Auditierung erfolgreich durchgeführt und ein Prozess angestoßen um weiterführende Zielvorgaben zu erreichen. Eine Liste zertifizierter Unternehmen findet sich unter http://www.beruf-und-familie.de/index.php?c=audit.unternehmen

1. ***Primäre Maßnahmen***: Als primäre Maßnahmen sollen solche unterschieden und verstanden werden, die direkt die Beschäftigten und ihre Arbeit betreffen. Also Faktoren wie die Arbeitszeit, Arbeitsort, Arbeitsabläufe, Arbeitsinhalte und Arbeitsorganisation. Das wären beispielsweise Maßnahmen wie Jobsharing, Teamarbeit, Flexibilisierung von Arbeitszeit und Arbeitsort, wie Arbeitszeitmodelle, Telearbeit, also auch Maßnahmen für eine altersadäquate Arbeitszeit und solche für eine familienfreundliche Organisation der Arbeit.

2. ***Sekundäre Maßnahmen***: Sekundäre Maßnahmen sind solche, die wichtig für die zweckvolle Umsetzung primärer Maßnahmen sind und Einfluss auf diese haben oder auch nach dem Einsatz primärer Maßnahmen eingesetzt werden, etwa zur Wiedereingliederung. So ist eine Informations- und Kommunikationspolitik mit ihrer Information über angebotene Maßnahmen, die Unternehmensphilosophie mit der grundlegenden Haltung des Unternehmens und die Führungskompetenz entscheidend am Erfolg und der Umsetzung der Maßnahmen beteiligt. Durch Personalentwicklungsmaßnahmen, wie Wiedereingliederungsmaßnahmen, werden die Qualifikationen der Beschäftigten nach Work-Life-Balance-Gesichtspunkten an betriebliche Bedürfnisse angepasst und der Wiedereinstieg erleichtert. Diese Gruppe von Maßnahmen ist also eher Mittel zum Zweck der optimalen Umsetzung der primären Maßnahmen.

3. ***Unterstützende Maßnahmen***: Zu dieser Gruppe gehören Maßnahmen zur finanziellen und sozialen Unterstützung der Mitarbeiter wie Kinderbonusgeld, Kinderbetreuungsmöglichkeiten, Gesundheitsprogramme und Haushaltsservice. Diese Maßnahmen betreffen nicht direkt die Arbeit. Sie haben ergänzenden Charakter und eine unterstützende Wirkung.

Bevor die Auswirkungen der Maßnahmen untersucht werden, soll im Folgenden näher auf die Messung der Auswirkungen und die dabei entstehenden Probleme eingegangen werden. Dies ermöglicht eine adäquatere Einschätzung der Auswirkungen. Im dritten Kapitel werden die Motive der Unternehmen zur Einführung von Work-Life-Balance-Maßnahmen und die Hemmnisse ihrer Realisierung untersucht, um am Schluss bewerten zu können, ob Motive und Hemmnisse gerechtfertigt sind. Im vierten Kapitel werden allgemeine Auswirkungen von Work-Life-Balance-Maßnahmen auf Unternehmen und Beschäftigte untersucht, dabei werden sowohl Ergebnisse der internationalen Forschung, als auch der deutschen Forschung angeführt.

Anschließend werden die Auswirkungen auf die Unternehmen anhand von Studien genauer analysiert, wobei zuerst die Nutzen-, anschließend dann die Kosten-Seite beleuchtet wird. Da sich die Auswirkungen der Maßnahmen oft überschneiden, werden generell in allen Kapiteln schwerpunktmäßig die für die jeweilige Maßnahme charakteristischen Auswirkungen benannt. Das Kapitel abschließend wird eine Kosten-Nutzen-Kalkulation angeführt, die quasi als Ergebnis die Nutzen und die Kosten miteinander in Beziehung setzt. Im sechsten Kapitel werden die Auswirkungen auf die Beschäftigten geschildert. Vorteile und Nutzen und Nachteile und Kosten von einzelnen Maßnahmen werden angeführt und zusammengefasst. Anschließend, die Arbeit abschließend sollen die Ergebnisse zusammengefasst werden.

2. Probleme bei der Messung der Auswirkungen von Work-Life-Balance-Maßnahmen

Um die Auswirkungen von Work-Life-Balance-Maßnahmen zu untersuchen wurden Arbeiten berücksichtigt, die sich mit den Auswirkungen von Work-Life-Balance-Maßnahmen, also auch mit familienbewusster Personalpolitik, familienbewussten Unternehmensstrategien etc., beschäftigen. Bei Durchsicht der Studien stellten sich Probleme und Schwierigkeiten bei der Messung der Auswirkungen heraus. Auf diese soll zunächst eingegangen werden, bevor die Auswirkungen behandelt werden.

Schwerpunktmäßig behandeln die Arbeiten überwiegend einzelne Fälle, theoretische Grundlagen fehlen fast völlig, meist wird aus einer praktischen anwendungsorientierten Perspektive beobachtet. Es werden oft zwar Kosten und Nutzen angegeben, allerdings werden größtenteils keine genaueren quantifizierbaren Angaben gemacht, sondern eher qualitative Analysen vorgenommen. Aussagen über die genaueren Zusammenhänge von Maßnahmen und Auswirkungen fehlen ebenso überwiegend. Den Maßnahmen wird somit vor allem betrieblich messbarer Nutzen oft nur ungenügend zugeschrieben.

Es mangelt allgemein an Daten, diese können nur schwer erhoben werden, was konkrete Kosten/Nutzen-Analysen erschwert.[22] Dies lässt sich durch die Schwierigkeit der Messung der Auswirkungen der Maßnamen erklären. Man benötigt Daten von mindestens zwei Zeitpunkten und zwar vor und nach der Einführung der Maßnahmen. Dann besteht ein Problem darin, die Auswirkungen von Work-Life-Balance-Maßnahmen zweifelsfrei zurechnen zu können und andere Einflüsse ausschließen zu können. Weiter besteht eine Schwierigkeit darin, die

[22] Vgl. Gemeinnützige Hertie-Stiftung, 1999: S. 256

Auswirkungen zu quantifizieren, deshalb handelt es sich meist um qualitative und/oder konzeptionelle Untersuchungen.
Die Messung der Auswirkungen ist dann besonders schwierig, wenn der Aufwand und das Ergebnis, also die Kosten und der Nutzen, nicht in Geldeinheiten operationalisiert werden können. So untersuchten beispielsweise DEX & SCHEIBL (1999) mittels Fallstudien die Auswirkungen familienbewusster Personalpolitik auf den Unternehmenserfolg und stellten dabei fest, dass es bei der Messung der Auswirkungen zu Problemen kommt, wenn nicht in Geldeinheiten gemessen werden kann. Diesem Problem kann begegnet werden, indem die Kosten der betreffenden Maßnahme mit den Kosten einer anderen Alternative verglichen werden und so quasi geschätzt werden. Weiter weisen sie auf die Schwierigkeiten für die Messung hin, die durch fehlende Informationen und sich ändernde Umgebungsvariablen resultieren.[23]

Die Kosten bestimmter Maßnahmen lassen sich im Allgemeinen besser angeben als der Nutzen, etwa in Form von Geld oder in Form von Aufwand an Personal und Zeit. Problematischer ist da die Erfassung und Monetarisierung und Quantifizierung des Nutzens. Wie viel Euro ist z. B. wie viel Motivation wert? Das Problem besteht hier schon in der Erfassung der Motivation und ihrer Messung in einer Skala. Die eigentliche Problematik liegt also in der Erfassung des Nutzens, um Kosten und Nutzen in Relation zueinander zu setzen. So fasst WINNES (1999) zusammen: „Die Kosten-/Nutzentransparenz ist ebenfalls ein Problemfeld, denn die Kosten sind im allgemeinen messbar, der Nutzen aber sehr schwer. Deshalb seien kaum betriebswirtschaftliche Bewertungen möglich.“[24]
Bei der Analyse von einzelnen Maßnahmen besteht das Problem zusätzlich noch darin, „den Einfluß dieses einen Faktors vom Zeitablauf im komplexen betrieb-

[23] Vgl. DEX & SCHEIBL, 1999: S. 24 UND 25f.
[24] Er kann dann aber doch schlussendlich darauf schließen, dass die Vereinbarkeit von Beruf und Familie Produktivitätssteigerungen nach sich zieht und für Unternehmen und Arbeitnehmer Vorteile bringt (Vgl. WINNES, 1999: S. 23 u. 28)

lichen Geschehen (z. B. Krankenstand/Fehlzeiten) zu isolieren".[25] Neben Maßstäben für die Arbeitsleistung, wie z. B. Fehlzeiten, können zur Beurteilung von bestimmten Maßnahmen auch „nichttraditionelle Maßstäbe", wie die Befragung der Zufriedenheit mit dem Arbeitsklima, eingesetzt werden.[26]

Weitgehend bleibt außer acht wie die Maßnahmen und der Nutzen genau miteinander zusammenhängen, also welche Maßnahmen mit welchem Nutzen zusammenhängen. Ein genauer Wirkungszusammenhang der einzelnen Maßnahmen ist schwer zu geben, es kann sein, dass mache Maßnahmen nur im Bündel wirken, sich gegenseitig verstärken, wechselseitig voneinander abhängen, nur indirekt wirken und zeitlich verzögert auftreten und auch verschiedene Auswirkungen zu verschiedenen Zeiten haben. Es ist sehr schwer einzelne Variablen konstant zu halten und beispielsweise zu untersuchen wie sich nur die Teleheimarbeit auf die Produktivität auswirkt, wenn gleichzeitig auch andere Maßnahmen eingeführt und praktiziert werden.

Ein weiteres Problem bei einem Vergleich der Ergebnisse der Studien ist die Unterschiedlichkeit der Messverfahren der unterschiedlichen Studien, wie z. B. die gebildeten Kategorien. Die Auswahl der befragten Unternehmen hat ebenfalls Einfluss auf die Ergebnisse. So spielt es eine Rolle, dass die Kundenbefragung Audit „BERUF & FAMILIE"[27] Unternehmen befragte, die bereits am Auditierungsverfahren teilgenommen haben. Ebenfalls wichtig ist, dass von den Unternehmen teilweise explizit Maßnahmen als familienfreundlich angegeben wurden, die sowieso gesetzlich vorgeschrieben sind.

Die Auswirkungen sind von zusätzlichen Faktoren, wie der Branche, in der das Unternehmen tätig ist und der Größe und Grundstruktur des Unternehmens ab-

[25] FAUTH-HERKNER, et. al., 1999: S. 255
[26] Vgl. FAUTH-HERKNER, et. al., 1999: S. 255
[27] Vgl. BERUF UND FAMILIE gGMBH, 2002

hängig, etwa der Frauenrate, der Anzahl von Beschäftigten mit Kindern und zu pflegenden Angehörigen und insgesamt der Anzahl der Beschäftigten und ihrem Qualifikationsniveau.
Die besten Ergebnisse zum Vergleich der Auswirkungen und für Unternehmensvergleiche liefern so gesehen dann wohl Fallbeispiele, die quasi als reale Experimente zeigen, was in einem spezifischen Fall passiert, wenn ganz bestimmte Maßnahmen eingeführt werden. Dies kann in ähnlicher Weise in Modellrechnungen, wie die der PROGNOS AG[28], gezeigt werden (Kap. 5.3.). Daher ist der Aufbau eines Unternehmens- und personalpolitischen Datenmodells wichtig, auf dessen Grundlage Modelle oder Kosten-Nutzen-Analysen familienfreundlicher Personalpolitik erstellt werden können.[29]

Ein zusätzliches Problem bei einigen Studien ist, dass häufig nur die Sicht der Unternehmens- bzw. Personalverantwortlichen erfasst wurde, im Mittelpunkt stehen dann die Motive, Auswirkungen und Umsetzungshemmnisse. Dabei kann es sein, dass informelle Regelungen unbeachtet bleiben oder die Beschäftigten andere Auffassungen von den Auswirkungen haben. So können Maßnahmen von den Unternehmen als Work-Life-Balance und familienfreundlich ausgegeben werden, die diesen Nutzen aber nur als Nebeneffekt haben, ursprünglich aber aus betrieblichen Gründen eingeführt wurden.

---

[28] Vgl. BUNDESMINISTERIUM FÜR FAMILIE, SENIOREN, FRAUEN UND JUGEND u. a., 2003a
[29] Vgl. BECKER et al., 1999: S. 343

3. Motive der Einführung von Work-Life-Balance-Maßnahmen und Hemmnisse ihrer Realisierung

Aus betrieblicher Perspektive soll untersucht werden, ob Work-Life-Balance-Maßnahmen mehr nutzen als sie kosten oder mehr kosten als sie nutzen. Abschließend kann dann die Frage beantwortet werden, ob die Motive der Unternehmen, aufgrund derer die Work-Life-Balance-Maßnahmen eingeführt wurden, auch gerechtfertigt sind. Und im Falle der Hemmnisse, ob die von den Unternehmen vermuteten und angegebenen Hindernisse tatsächlich bestehen.

Motive

Die Befragung MONITOR FAMILIENFREUNDLICHKEIT[30], die vom INSTITUT DER DEUTSCHEN WIRTSCHAFT KÖLN 2003 durchgeführt wurde, stellt fest, dass das häufigste Motiv der Unternehmen zur Einführung familienfreundlicher bzw. Work-Life-Balance-Maßnahmen die Erhöhung der Arbeitszufriedenheit ist. Dieses Motiv geben 75,8 % der Unternehmen an, gefolgt von Rekrutierung und Bindung qualifizierter Mitarbeiter mit 74,7 %.[31] Kosteneinsparungen durch geringere Fluktuation und Krankenstand werden von 64,3 % der befragten Unternehmen angegeben. Und noch 58,1 % geben Kosteneinsparungen durch höhere Produktivität. Bei 56,1 % der Unternehmen wird eine höhere Zeitsouveränität für die Beschäftigten als Motiv angegeben.[32]

[30] Im Auftrag von BDA, BDI, DIHK, Zentralverband des Deutschen Handwerks, BMFSFJ, deren ausgewertete Teilergebnisse unter „Wie familienfreundlich ist die deutsche Wirtschaft“ herausgegeben wurden.

[31] Die Bindung der Mitarbeiter war in der Untersuchung von ROST (2004) für die meisten Unternehmen das wichtigste Ziel der Einführung vereinbarkeitsfördernder Maßnahmen, die Hälfte der untersuchten Unternehmen haben dieses Ziel auch erreicht. Auch die Steigerung der Zufriedenheit und der Motivation wurde als wichtiges Ziel genannt (Vgl. ROST, 2004: S. 139f.).

[32] FLÜTER-HOFFMANN & SOLBRIG, 2003: S. 4. Ähnlich auch BRAUN (2004) der Wettbewerb um qualifizierte Mitarbeiter als Hauptmotiv für die Einführung von familienfreundliche Maßnahmen nennt (Vgl. BRAUN (2004): S. 71f.). Sein Unternehmen B. Braun Melsungen AG. hat an der Prognos Studie teilgenommen.

Hemmnisse

Als Hemmnisse fand das INSTITUT DER DEUTSCHEN WIRTSCHAFT KÖLN folgende Hinderungsgründe aus Sicht der Unternehmen: Einen fehlenden Bedarf durch die Betriebe, abhängig von den Maßnahmen zwischen 66,7 % und 71,1 % und fehlender Bedarf von Seiten der Beschäftigten zwischen 36,3 % und 56,2 %. Die Unternehmen sind immerhin noch zwischen 14,7 % und 29,1 % der Meinung, dass Maßnahmen wie Kinderbetreuung und Familienservice nicht Aufgabe des Betriebs sind. Und 10,9 % bis 12,2 % der Unternehmen sehen zu hohe Kosten und zu hohen organisatorischen Aufwand[33] (siehe Tab.1).

Tab. 1: Hemmnisse für familienfreundliche Maßnahmen – Hinderungsgründe aus Sicht der Unternehmen; in Prozent der Unternehmen (Flüter-Hoffmann & Solbrig, 2003: S. 14)

	Fehlender betrieblicher Bedarf	Fehlender Bedarf der Mitarbeiter	Keine betriebliche Aufgabe	Zu hohe Kosten, organisatorischer Aufwand
Arbeitszeitflexibilisierung/ Telearbeit	66,7	36,3	14,7	10,9
Kinder-/ Angehörigenbetreuung	67,9	50,5	25,6	12,2
Familienservice/ Beratungsangebote	68,1	48,5	29,1	12,2
Fördermaßnahmen für Eltern/Frauen	71,1	56,2	20,2	11,3

Eine Untersuchung, die von der GEMEINNÜTZIGEN HERTIE-STIFTUNG (2003) in Auftrag gegeben und vom Europressedienst durchgeführt wurde, kommt zu dem Ergebnis, dass 13 % der befragten Unternehmen eher kein Interesse an solchen Maßnahmen haben. Hemmnisse sind bei 44 % fehlende Gelder, bei 39 % die schwierige wirtschaftliche Lage und 38 % mangelnde Zeit (siehe Abb. 1). Familienfreundliche Maßnahmen werden als sehr kostenintensiv und aufwändig von

[33] In der Unternehmensbefragung „Vorstellungen für eine familienorientierte Arbeitswelt der Zukunft" im Auftrag des BUNDESMINISTERIUMS FÜR FAMILIE UND SENIOREN (1994), die vom Institut der deutschen Wirtschaft

den Unternehmen beurteilt. Auch wird ihr Bedarf für Unternehmen und Beschäftigte grundlegend unterschätzt, wie später noch gezeigt werden wird.

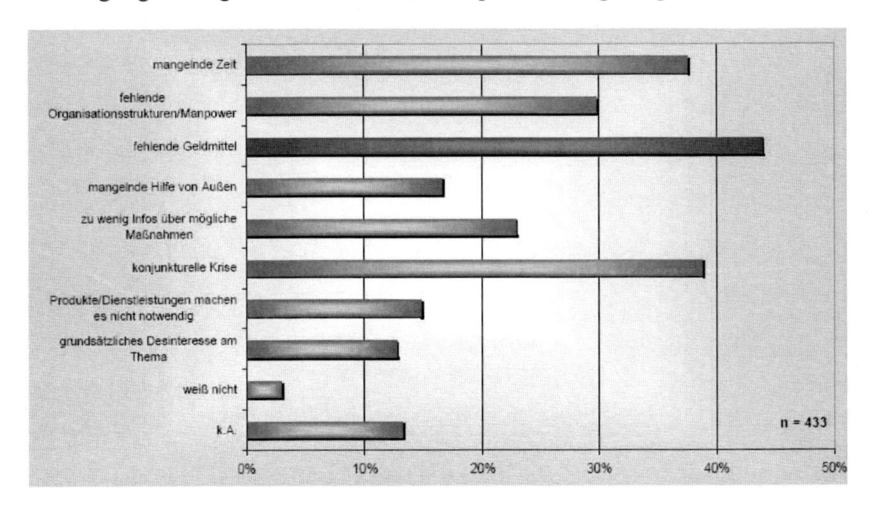

Abb. 1: Frage: Was sind aktuelle Hemmnisse zur Umsetzung des Themas in Ihrem Unternehmen? (Mehrfachantworten möglich) (Gemeinnützige Hertie-Stiftung, 2003: S. 28)

durchgeführt wurde, sind es zu 70 % organisatorische und zu 50 % wirtschaftliche Probleme, die die Umsetzung familienbewusster Arbeitsplätze durch die Unternehmen verhindern.

4. Allgemeine Auswirkungen von Work-Life-Balance-Maßnahmen auf Unternehmen und Beschäftigte

Bei der Beschreibung der allgemeinen Auswirkungen von Work-Life-Balance-Maßnahmen sollen Forschungsergebnisse beachtet werden, die Auswirkungen von Work-Life-Balance-Maßnahmen eruieren, dabei aber nicht auf einzelne und/oder bestimmte Maßnahmen oder Maßnahmengruppen zurechnen, sondern nur generell Auswirkungen von vereinbarkeitsfördernder Unternehmenspolitik beschreiben.[34] Später sollen dann erst die Vorteile und der Nutzen einzelner Maßnahmen näher untersucht werden. An dieser Stelle noch nicht strikt zwischen den Auswirkungen auf Unternehmen und Beschäftigte unterschieden werden.[35]

Betriebliche Work-Life-Balance-Maßnahmen können als Investitionen der Unternehmen in ihre Beschäftigten verstanden werden. Auswirkungen von solchen Maßnahmen wirken im und außerhalb des Unternehmens, lassen sich aber nur bedingt quantifizieren. Es ist zweckmäßig zwischen Auswirkungen zu unterscheiden, die direkt im Unternehmen wirken und solchen, die außerhalb des Unternehmens wirken. Erstere können als Instrumente verstanden und eingesetzt werden, die einen Interessenausgleich zwischen den Beschäftigten und dem Unternehmen schaffen. Dazu gehören Maßnahmen, die eine bessere Abstimmung von Arbeit und Leben schaffen oder solche, die eine Unternehmenskultur schaffen, die durch Vertrauen und Loyalität geprägt ist. Dadurch können Prozesse und Abläufe im Unternehmen verbessert werden, z. B. durch optimalen Einsatz des Personals, weiter können die Beschäftigten stärker an das Unternehmen gebunden werden und zu stärkerem Engagement motiviert werden, z. B. durch eine Entlastung im Alltag, durch weniger Stress. Dies wiederum kann die Wett-

[34] Es lassen sich ebenfalls positive Auswirkungen auf die gesamte Gesellschaft und das volkswirtschaftliche Wachstum ausmachen, wie etwa die Entlastung des Arbeitsmarktes und der sozialen Sicherungssysteme, diese Auswirkungen sollen hier aber nicht näher betrachtet werden, siehe dazu u. a. BUNDESMINISTERIUM FÜR FAMILIE, SENIOREN, FRAUEN UND JUGEND, 2005a.

bewerbsposition des Unternehmens entscheidend verbessern, weil die Beschäftigten motivierter und leistungsbereiter sind.

Auswirkungen wie eine höhere Motivation und Zufriedenheit der Beschäftigten mit der Arbeit sind als positive Auswirkungen, als ein Nutzen für Unternehmen und auch für die Beschäftigten selbst zu verstehen. Ebenfalls Auswirkungen wie ein gesunkener Krankenstand und gesunkene Fehlzeiten, eine erhöhte Rückkehrquote, eine gesunkene Abwesenheitsdauer nach Freistellungen wie Elternzeit und eine geringere Stressbelastung sind Nutzen für Unternehmen und zeugen von einer besseren Vereinbarkeit von Beruf und Privatleben der Beschäftigten, sind somit auch für diese nützlich. So besteht beispielsweise ein hoher Krankenstand oftmals nur, weil die Eltern keine Betreuung für ihre Kinder gefunden haben und sich selbst krank melden müssen, weil die Betreuungsproblematik nicht gelöst ist. Eine erhöhte Rückkehrquote und ein schneller Wiedereinstieg in den Beruf, also eine gesunkene Abwesenheitsdauer nach einer Freistellung, zeigen, dass bestimmte Maßnahmen, wie abgestufte Teilzeit, flexible Arbeitszeiten etc. (siehe Kap. 6.1.) es vielen Eltern oftmals erst ermöglichen wieder berufstätig zu werden und dann auch noch so schnell nach der Geburt eines Kindes.

Daneben sind solche Auswirkungen zu unterscheiden, die außerhalb des Unternehmens wirken wie eine verbesserte Kunden- und Investorenbeziehung und ein besseres Image des Unternehmens in der öffentlichen Wahrnehmung.

In der Literatur werden für Unternehmen ausschließlich positive Auswirkungen konstatiert, wenn Auswirkungen festgestellt werden konnten. Negative Auswirkungen konnten dagegen nicht ausgemacht werden. Die Kosten von Work-Life-Balance-Maßnahmen stellen nur insofern negative Auswirkungen dar, als dass

---

[35] Erst in den folgenden Kapiteln soll differenzierter unterschieden werden.

diese Mittel nicht mehr für andere Zwecke eingesetzt werden können. Die Kosten sind dabei das, was an Mitteln und Ressourcen wie Zeit, Personal, Geld, Aufwand aufgebracht werden muss, um die Maßnahmen ein- und durchzuführen. Sie werden weiter unten gesondert betrachtet.

4.1. Ergebnisse der internationalen Forschung

International sind sehr weitreichende Forschungen und Ergebnisse bei den Auswirkungen von Work-Life-Balance-Maßnahmen bzw. familienfreundlicher Maßnahmen vorhanden. Zu nennen sind hier vor allem die Untersuchungen von DEX & SCHEIBL, 1999; EVANS, 2001; OECD, 2001 und auch MANAGING WORK/LIFE BALANCE, 2003; CENTER FOR ETHICAL BUSINESS CULTURES, 1997; GALINSKY & JOHNSON, 1998 und EATON, 2001.

In der internationalen Forschung wurden positive Auswirkungen von Maßnahmen gefunden:

- Kostenersparnisse bei der Personalbeschaffung
- Einsparungen durch sinkende Fehlzeiten und einen sinkenden Krankenstand
- erhöhte Mitarbeiterbindung und geringerer Verlust durch Abwanderung der Beschäftigten zu Wettbewerbern
- erhöhte Rückkehrquote und gesunkene Abwesenheitsdauer nach dem Mutterschutz
- erhöhte Motivation und erhöhte Zufriedenheit
- erhöhte Produktivität und erhöhte Effizienz
- geringere Stressbelastung der Beschäftigten, bzw. Stressreduktion
- mannigfaltigere, differenziertere Mitarbeiterstruktur
- erhöhten „Return on Investment" von Weiterbildungsmaßnahmen
- besseres Image des Unternehmens

- besseres Personalmarketing
- flexibleren Einsatz der Beschäftigten
- bessere Qualität in Bezug auf die Bewerber
- geringerer Aufwand bei der Wiederbesetzung
- positive Auswirkungen auf den Produktabsatz und den Aktienkurs
- bessere Wettbewerbsfähigkeit des gesamten Unternehmens.[36]

Probleme macht auch hier die Auswertung der Auswirkungen der Maßnahmen im Hinblick auf ihre Quantität. Weitreichende quantitative Aussagen machen die Beratungsfirmen WFD, INC. und CERIDIAN PERFORMANCE PARTNERS. Die Unternehmensberatung WFD, INC. hat in Fallstudien von 5 Unternehmen eine Kosten-Nutzen-Relation von familienfreundlichen Maßnahmen auf 250 % bis 550 % geschätzt. Die Beratungsfirma CERIDIAN PERFORMANCE Partners kam sogar auf einen errechneten „Return on Investment“ von 680 %.[37]

4.2. Ergebnisse der deutschen Forschung

In der deutschen Literatur können gleichermaßen Auswirkungen von Work-Life-Balance-Maßnahmen bzw. familienfreundlichen Maßnahmen und einer vereinbarkeitsfördernden Personalpolitik konstatiert werden. Auswirkungen konnten sogar in hohem Maße gefunden werden, so konnten in einer vom EUROPRESSEDIENST durchgeführten Untersuchung im Auftrag der GEMEINNÜTZIGEN HERTIE-STIFTUNG 87,1 % der untersuchten Unternehmen direkte Auswirkungen ihrer Familienpolitik diagnostizieren.[38]
In der deutschen Literatur werden folgende Auswirkungen genannt, ohne dass dabei genauere Zuschreibungen darüber gemacht werden, welche Maßnahmen

---

[36] Vgl. DEX & SCHEIBL, 1999: S. 24; EVANS, 2001: S. 24f.; OECD, 2001: S. 148; auch MANAGING WORK/LIFE BALANCE, 2003; CENTER FOR ETHICAL BUSINESS CULTURES, 1997; GALINSKY & JOHNSON, 1998; EATON, 2001.
[37] Allerdings besteht ein Problem bei der Ergebnisübertragung wegen der großen Unterschiedlichkeit der sozialen Sicherungssysteme, tariflicher Regelungen, etc. (Vgl. BUNDESMINISTERIUM FÜR FAMILIE, SENIOREN, FRAUEN UND JUGEND, 2003a: S. 11).
[38] Vgl. GEMEINNÜTZIGE HERTIE-STIFTUNG, 2003: S. 24

zu welcher Wirkung führen. Es handelt sich dann um mehrere Maßnahmen, die im Verbund folgende Wirkungen haben:

- Erhöhte Motivation und Zufriedenheit der Beschäftigten
- höhere Einsatz- und Leistungsbereitschaft der Beschäftigten
- Steigerung von Effizienz, Produktivität und der Qualität der Arbeit
- gesteigerte Mitarbeiterbindung
- Senkung der Fehlzeiten und des Krankenstandes
- weniger Fluktuation und dadurch Erhalt des spezifischen Wissens, weniger Wiederbesetzungsaufwand
- höhere Rückkehrquote und Senkung der Abwesenheitsdauer nach Mutterschutz
- besseres Unternehmensimage
- Vorteile bei der Suche nach qualifiziertem Personal, bessere Rekrutierungschancen und Auswahl an qualifizierten Beschäftigten
- Marketingeffekte für Produktabsatz
- weniger Stress für die Beschäftigten
- Qualifikationserhalt, positive Auswirkungen von Kompetenzen, die in der Familienarbeit erworben wurden
- Insgesamt gesteigerte Wettbewerbsfähigkeit.

Motivation und Zufriedenheit, Verbesserungen der Arbeitsqualität, höhere Einsatz- und Leistungsbereitschaft

So kam die Kundenbefragung Audit „BERUF & FAMILIE“, die im Auftrag der BERUF & FAMILIE GMBH, vom TNS EMNID durchgeführt wurde und bei der 36 bereits zertifizierte Unternehmen und Institutionen nach ihren Erfahrungen nach der Zertifizierung befragt wurden, zu dem Ergebnis, dass die Motivation und die Zufriedenheit der Beschäftigten gestiegen sind: Die Mitarbeiterzufriedenheit erhöhte sich bei 83,3 % der Unternehmen, etwa 80 % sahen „ganz bestimmt“

oder „eher ja“ eine Verbesserung der Mitarbeiterzufriedenheit und nur 11 % sahen diese „eher nicht“, wobei kein Unternehmen/Institution meinte, dass sich die Motivation „bestimmt nicht“ verbessert habe.

Ähnliches zeigte sich auch bei der Motivation, denn 86, 1 % der Unternehmen sahen eine erhöhte Motivation, wobei etwa 30 % „ganz bestimmt“ eine erhöhte Motivation sahen und nur 14 % „eher nicht“ meinten. Kein Unternehmen/Institution gab an, dass sich die Motivation „bestimmt nicht“ verbesserte. Es ist zu erwarten, dass die Beschäftigten bei erhöhter Zufriedenheit und Motivation auch eine erhöhte Bereitschaft zeigen, flexibel auf betriebliche Belange einzugehen und dem Unternehmen entgegen zu kommen, denn wenn sich die Beschäftigten im Unternehmen wohl fühlen, verstärkt sich auch die Bindung an das Unternehmen.

Durch die gestiegene Mitarbeitermotivation kann weiter eine erhöhte Kundenzufriedenheit erwartet werden, denn die Kunden merken, wenn die Beschäftigten eine gute Arbeit leisten wollen. Eine Verbesserung der Arbeitsqualität im Allgemeinen konnte in der genannten Studie dann auch nachgewiesen werden. Eine verbesserte Qualität der Arbeit sahen 69,4 % der befragten Unternehmen, davon meinten 8 % dies „ganz bestimmt“ und 61 % „eher ja“.[39]

Imageverbesserungen, verbesserte Rekrutierung und Mitarbeiterbindung

Weiter kann vermutet werden, dass Unternehmen, die als familienfreundlich gelten oder als solche zertifiziert wurden, einen Wettbewerbsvorteil bei der Rekrutierung von qualifizierten Beschäftigten und Fach- und Führungskräften und einen Vorteil bei der längerfristigen Bindung dieser haben. Man kann annehmen, dass die Anziehungskraft als Arbeitsgeber steigt, wenn das betreffende Unternehmen eine Vorreiterposition für eine Balance von Beruf und Privatleben

[39] Vgl. BERUF UND FAMILIE gGMBH, 2002: S. 4, 5, 6

einnimmt. Aber auch die Kunden und Investoren betreffend könnte die Übernahme von sozialem Engagement vorteilhaft sein.

Bei einem verstärkten gesellschaftlichen Trend in diese Richtung ist durch die Imageverbesserung von einem Wettbewerbsvorteil solcher beschäftigtenfreundlichen Unternehmen auszugehen, die soziale Verantwortung übernehmen.[40] So sind beschäftigtenfreundliche Maßnahmen, die nur indirekten betriebswirtschaftlichen Nutzen versprechen, für das Unternehmen als Ganzes vorteilhaft. In der EMNID-Kundenbefragung konnten dann auch 88,9 % der Unternehmen Vorteile beim Wettbewerb um qualifiziertes Fachpersonal seit der Audit-Einführung feststellen. Nur 8 % sehen keine Wettbewerbsvorteile. Und 50 % erkennen eine positive Beschäftigungswirkung in Bezug auf eine Beschäftigungssicherung.[41]

Geringere Fluktuation, Verbesserung der Produktivität und Kundenorientierung, geringerer Krankenstand, Leistungssteigerungen, innerbetriebliche Arbeitsplanung und Effizienzsteigerungen, Stressreduktion

Die Auswirkungen und den Nutzen von familienfreundlichen und mitarbeiterorientierten Personalpolitik belegen ebenso die Forschungen und Erfahrungen der GEMEINNÜTZIGEN HERTIE-STIFTUNG (2003) und des BUNDESMINISTERIUMS FÜR FAMILIE, SENIOREN, FRAUEN UND JUGEND (2001).

Eine von der GEMEINNÜTZIGEN HERTIE-STIFTUNG (2003) in Auftrag gegebene Studie ermittelte, dass 37,5 % der Unternehmen mit 1.001 bis 3.000 Beschäftigten, also vor allem größere Unternehmen, „von mehr als 60 Prozent ihrer Beschäftigten ein positives Feedback“ erhalten.[42] Bei 59,4 % der befragten Unternehmen ist die Motivation der Beschäftigten gestiegen. Bei dieser positiven Re-

[40] Hier sind ähnliche Auswirkungen wie bei zertifizierten Umweltmanagementsystemen und als umweltfreundlich geltenden Unternehmen zu erwarten.
[41] Vgl. BERUF UND FAMILIE gGMBH, 2002: S. 7 u. 8, siehe dazu auch BECKER, 2003a: S. 28

sonanz der Beschäftigten und ihrer gestiegenen Motivation ist gleichsam mit Verbesserungen bei anderen betrieblichen Faktoren zu rechnen wie einer verringerten Fluktuation und verringerten Fehl- und Krankheitszeiten, Verbesserung des Unternehmensimage in der breiten Öffentlichkeit und einer erhöhten Produktivität.

So konnte empirisch festgestellt werden, dass die Fluktuation bei 44,1 % besonders bei Unternehmen der Größe 1001 bis 3000 MitarbeiterInnen sank. Dadurch wird das spezifische, oft betriebsspezifische Wissen und die Qualifikation der Beschäftigten erhalten und der Wiederbesetzungsaufwand reduziert. Eine Verbesserung des Image war bei über 40 % zu verzeichnen und bei fast 40 % verbesserte sich die Produktivität. Noch knapp 30 % beobachteten Wettbewerbsvorteile durch Personalmarketing und bei etwa 30 % verringerte sich der Krankenstand (Abb. 2).

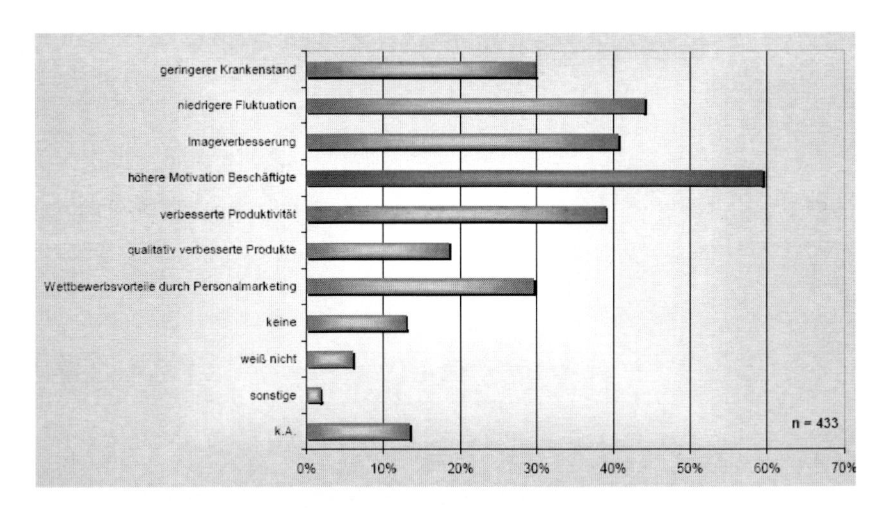

Abb. 2: Frage: Welche Auswirkungen lassen sich durch Ihre aktive Familienpolitik feststellen? (Mehrfachantworten möglich) (Gemeinnützige Hertie-Stiftung, 2003: S. 24)

[42] Vgl. GEMEINNÜTZIGE HERTIE-STIFTUNG, 2003: S. 23

Mit dem verringerten Krankenstand sinken die betrieblichen Kosten und die innerbetriebliche Arbeitsplanung verbessert sich, was insgesamt die Effizienz verbessert.[43] Die Arbeitsproduktivität steigt durch eine erhöhte Motivation und Zufriedenheit der Beschäftigten bei gleichzeitig verringerten Fehlzeiten und geringeren Fluktuationen. Aber auch durch eine erhöhte Identifikation mit dem Unternehmen kommt es zu Leistungs- und Produktivitätssteigerungen.[44] Insgesamt steigt damit ebenso die Wettbewerbsfähigkeit der Unternehmen.

Zu einem ähnlichen Ergebnis kommen auch KNAUTH u. a. (1999), sie konstatieren, dass Maßnahmen wie Erziehungsurlaub, Vermittlung von Kinderbetreuung, flexible Arbeitszeiten, vor allem aber die Einführung von Telearbeit, Auswirkungen haben wie Erhalt qualifizierter Mitarbeiter, Flexibilisierung des Mitarbeitereinsatzes, bessere Motivation der Mitarbeiter, bessere Qualität der Arbeitsergebnisse, bessere Kundenorientierung und ein besseres Unternehmensimage. Für die Beschäftigten werden Nutzen in Form von mehr Zeitautonomie, beruflich auf dem Laufenden bleiben, Sicherstellung der Kinderbetreuung, einfachere Abstimmung der beruflichen und privaten Interessen festgestellt,[45] was insgesamt die Stressbelastung der Beschäftigten reduziert.

Unterschiede der Maßnahmen und Auswirkungen durch Unternehmensgröße und Einsatz der Maßnahmen

Work-Life-Balance-Maßnahmen werden sowohl von kleineren und mittleren Unternehmen als auch von größeren Unternehmen angewendet. Großunternehmen setzen allerdings mehr Maßnahmen ein als kleine und mittlere Unternehmen.[46] Bei der Entscheidung, welche Maßnahmen eingesetzt werden, macht die Größe des Unternehmens dagegen einen Unterschied. So zeigt eine Studie des

[43] Wenn die Zahl der Arbeitsunfähigkeitstage gesenkt wird, bedeutet dies noch nicht unbedingt, dass ein betriebswirtschaftlicher Nutzen messbar wird, weil und wenn die Arbeiten durch andere Beschäftigte übernommen werden.
[44] DOLD, 2004: S. 237ff. auch ROST, 2004: S. 129f.
[45] Vgl. KNAUTH et al., 1999: S. 128f.

INSTITUTS FÜR MITTELSTANDSFORSCHUNG BONN, dass die Maßnahmen, die von den Unternehmen angeboten werden, eher von der Größe des Unternehmens und stark von der Branche, in der es agiert und der Qualifikation der Beschäftigten, abhängen. Die Entscheidung aber, ob Maßnahmen überhaupt angeboten werden, ist unabhängig von der Größe, sie ist eher abhängig von der Unternehmerpersönlichkeit. Außerdem sind familienfreundliche Regelungen in Unternehmen ohne weibliche Mitarbeiter seltener zu finden, aber in Unternehmen mit einem mittleren oder hohen Anteil an Frauen werden nicht überproportional häufiger familienfreundliche Maßnahmen eingeführt.[47]

Indes gibt es Vorteile in Bezug auf die Umsetzung von Maßnahmen bei kleinen und mittleren Unternehmen, denn ihre größere Flexibilität und ihre flacheren Hierarchien und informellen Kommunikations- und Entscheidungswege tragen zur Lösung von Vereinbarkeitsproblemen bei.[48]

Es kann ferner festgestellt werden, dass ein Zusammenhang zwischen Umfang und Intensität mit der Maßnahmen betrieben werden und der Stärke der positiven Auswirkungen besteht. Dies legt eine Befragung des FORSCHUNGSZENTRUMS FAMILIENBEWUSSTE PERSONALPOLITIK für die BERUFUNDFAMILIE gGMBH nahe, in der auditierte Unternehmen hinsichtlich ihrer Erfahrungen mit familienfreundlichen Maßnahmen befragt wurden. Es wurde festgestellt, dass Krankmeldungen in sehr engagierten familienfreundlichen Unternehmen seltener sind, als in engagierten familienfreundlichen Unternehmen.

In Unternehmen mit einem umfassenden Angebot an familienfreundlichen Maßnahmen fehlen Mitarbeiter nicht so häufig wie in Unternehmen, die nur selektiv Maßnahmen anbieten. Ferner kehren die Beschäftigten in sehr engagierten fami-

[46] Vgl. FLÜTER-HOFFMAN & SOLBRIG, 2003: S. 12
[47] Vgl. BACKES-GELLNER et al., 2003: S. 29, 32ff., S. 39ff., S. 42, S. 62
[48] Vgl. KRAMER et al., 1998: S.27

lienfreundlichen Unternehmen schneller, nämlich schon nach 19 Monaten ins Unternehmen zurück und können schneller in die Arbeitsabläufe integriert werden, während sie bei engagierten familienfreundlichen Unternehmen erst nach 28 Monaten zurückkehren. In Unternehmen mit einem umfassenden Angebot an familienfreundlichen Maßnahmen wird die Zeitsouveränität der Beschäftigten nach Aussage der Unternehmen deutlicher erhöht als in Unternehmen mit einem selektiven Maßnahmenangebot.[49]

[49] Vgl. DILGER et al., 2006: S. 4, 5, 6, 7, 8

5. Auswirkungen von Work-Life-Balance-Maßnahmen auf die Unternehmen

In diesem Kapitel soll geprüft werden, ob Work-Life-Balance-Maßnahmen den Unternehmen mehr Nutzen und Vorteile bringen oder ob sie mehr Nachteile, Kosten und Belastungen hervorbringen.

5.1. Vorteile und Nutzen für die Unternehmen

Es werden im Folgenden Vorteile und Nutzen in Form von Einsparpotential, empirisch belegte Einsparungen und Vorteile und Nutzen der einzelnen Maßnahmen unterschieden und behandelt.

5.1.1. Nutzen für die Unternehmen in Form von Einsparpotential

Neben den schon angesprochenen (Kap. 4) allgemeinen Nutzen für Unternehmen lassen sich weiter Nutzen in Form von Einsparpotenzial unterscheiden. Denn Kosten, die durch Maßnahmen reduziert werden können oder auch ganz eingespart werden können – also quasi das Einsparpotential durch bestimmte Maßnahmen – stellt ebenfalls einen Nutzen für die Unternehmen dar. In der PROGNOS-Studie,[50] die vom Familienministerium und der europäischen Union in Auftrag gegeben wurde und welche die betrieblichen Kosten und Nutzen familienfreundlicher Maßnahmen analysiert, wird das Einsparpotenzial folgendermaßen unterschieden: „Das Kosteneinsparpotenzial ist dabei als theoretische Größe zu verstehen, welches die Summe aller durch eine unzureichende Vereinbarkeit von Beruf und Familie entstehenden Kosten im Unternehmen abbildet.“[51]

[50] In Deutschland handelt es sich dabei um die erste Studie, die empirisch quantifizierbar prüft, ob sich familienfreundliche Maßnahmen finanziell für Unternehmen lohnen. Sonst wurde eher die ethisch moralische Perspektive beobachtet oder es wurden nur qualitative Ergebnisse vorgelegt.
[51] BUNDESMINISTERIUM FÜR FAMILIE, SENIOREN, FRAUEN UND JUGEND u. a., 2003a: S. 20

Kosten, die durch familienfreundliche Maßnahmen reduziert werden können oder auch eingespart werden können, entstehen, wenn Beschäftigte wegen privater, etwa familienbedingter Anforderungen, ihren Arbeitsplatz wechseln, ihrem Arbeitsplatz fern bleiben und/oder auch Überbrückungsmaßnahmen bis zum Wiedereinstieg wahrnehmen.

Es lassen sich vier Kostenbereiche unterscheiden: Wiederbeschaffungskosten, Wiedereingliederungskosten, Überbrückungskosten und Kosten für Fehlzeiten.[52]

5.1.1.1. Wiederbeschaffungskosten

Wiederbeschaffungskosten werden als Aufwendungen verstanden, die entstehen, wenn Beschäftigte familienbedingt den Betrieb verlassen und von Ersatzkräften mit gleicher Qualifikation ersetzt werden müssen. Es entsteht ein Verlust durch das fehlende Wissen. Ferner entstehen Kosten für die Rekrutierung von neuem Personal, Anwerbung, Auswahl, Einstellung, Ausbildung, Weiterbildungen, Einarbeitung und anfängliche Minderleistungen der neuen Arbeitskräfte. Diese Kosten werden durch lange familienbedingte Auszeiten und geringe Rückkehrquoten hoch gehalten, so kommen in Westdeutschland über 40 % der Mütter auch nach 3 Jahren nicht an ihre Arbeitsstelle zurück.[53] Dies kann besonders zum Problem werden und Umsatzeinbußen nach sich ziehen, wenn eine persönliche Kundenbeziehung wichtig ist und die entsprechenden Mitarbeiter dann ausfallen oder wenn sie nicht so schnell wieder ersetzt werden können. So konnte festgestellt werden, dass häufig erst nach sechs Monaten eine Stelle, vor allem bei hochspezialisierten Beschäftigten, mit einem passenden Mitarbeiter besetzt werden konnte.[54]

---

[52] Vgl. BUNDESMINISTERIUM FÜR FAMILIE, SENIOREN, FRAUEN UND JUGEND u. a., 2003a: S. 14f.
[53] Vgl. BUNDESMINISTERIUM FÜR FAMILIE, SENIOREN, FRAUEN UND JUGEND u. a., 2003a: S. 14
[54] Vgl. BUNDESMINISTERIUM FÜR FAMILIE, SENIOREN, FRAUEN UND JUGEND u. a., 2003a: S. 15

Die Wiederbeschaffungskosten werden in der PROGNOS-Studie nach Einkommensklassen differenziert aufgestellt. Es werden folgende Durchschnittswerte angegeben (Tab. 2).

Tab. 2: Wiederbeschaffungskosten einer Stelle (Bundesministerium für Familie, Senioren, Frauen und Jugend u. a. 2003a, S. 15)

WIEDERBESCHAFFUNGSKOSTEN EINER STELLE			
	untere EK	**mittlere EK**	**obere EK**
Kosten der unbesetzten Stelle (€/Monat)	900 €	1.600 €	2.700 €
Kosten der unbesetzten Stelle (effektiv)	900 €	3.600 €	10.800 €
Anwerbungskosten	1.800 €	5.500 €	10.500 €
Auswahlkosten	1.200 €	2.400 €	3.900 €
Einstellungskosten	800 €	1.300 €	1.900 €
Aus- und Fortbildungskosten	800 €	1.800 €	3.700 €
Einarbeitungskosten	2.800 €	6.000 €	7.600 €
Minderleistungen bei Einarbeitung	1.200 €	2.600 €	4.800 €
Summe Wiederbeschaffungskosten	**9.500 €**	**23.000 €**	**43.200 €**
Durchschnittliche Wiederbesetzungsdauer in Monaten	**1,0**	**2,3**	**4,0**

Die Wiederbeschaffungskosten sind abhängig vom Qualifikationsniveau der Beschäftigten, im Prinzip also auch von dem Zustand des jeweiligen Arbeitsmarktes für bestimmte Qualifikationen und dem regionalen Arbeitsangebot. Die Berechnung war nicht unkompliziert, weil die Wiederbeschaffungskosten im Controlling kaum erfasst sind. Es wird ein eher geringes Einsparpotenzial angenommen.[55] Für die unteren Einkommensklassen werden Wiederbeschaffungskosten in einer Spannweite von 3.000 EUR bis 21.000 EUR, für die mittlere Einkommensklasse von 8.300 EUR bis 53.000 EUR und für die obere Einkommensklasse von 14.900 EUR bis 108.500 EUR angenommen.[56]

[55] Sonst werden normalerweise Wiederersetzungskosten nach der Faustformel 1,5 Jahresgehälter für Hochqualifizierte und 0,75 für gering Qualifizierte berechnet (Vgl. BUNDESMINISTERIUM FÜR FAMILIE, SENIOREN, FRAUEN UND JUGEND u. a. 2003a, S. 16).

[56] Vgl. BUNDESMINISTERIUM FÜR FAMILIE, SENIOREN, FRAUEN UND JUGEND u. a. 2003a, S. 16

Die Wiederbeschaffungskosten verringern sich, wenn die in Elternzeit befindlichen Beschäftigten nicht zurückkehren und dafür die befristet angestellten Ersatzkräfte unbefristet eingestellt werden, weil der Aufwand für die Rekrutierung und Einarbeitung dieser Kräfte dann in den Überbrückungskosten verbucht wird. Kehren die Beschäftigten in Elternzeit allerdings ins Unternehmen zurück, kommen die Ersatzkräfte meist in einen Pool potentieller Beschäftigter, auf den zugegriffen wird, wenn Beschäftigte das Unternehmen verlassen oder das Unternehmen expandiert. Durch diese Möglichkeit sinken die Wiederbeschaffungskosten, weil die Kosten für Suche, Auswahl, Qualifizierung, Einarbeitung und Minderleistung sinken.

Bei den von der PROGNOS AG untersuchten Unternehmen konnte ein Potenzial an Einsparungen von 90 % festgestellt werden, wenn Mitarbeiter aus diesem Pool eingestellt werden im Vergleich zu völligen Neueinstellungen.[57] Es ist weiter anzunehmen, dass je attraktiver das Unternehmen für die Beschäftigten als Arbeitgeber ist, desto höher auch die Zahl der Rückkehrer nach der Elternzeit und somit auch die Zahl potenzieller Beschäftigter im (Bewerber)-Pool. Gerade damit steigt eben auch die Chance Einsparpotentiale zu generieren und auszuschöpfen, indem offene Stellen mit diesen Bewerbern besetzt werden.

Die Wiederbeschaffungskosten können also gezielt durch beschäftigtenfreundliche Maßnahmen verringert werden. Denn insgesamt führen Work-Life-Balance-Maßnahmen zu einer Verbesserung des Image des Unternehmens in der breiten Öffentlichkeit. Das Unternehmen wird dadurch bei potenziellen Beschäftigten als Arbeitgeber attraktiver. Somit kann das Unternehmen aus einem besser qualifizierten Bewerberpool auswählen und die Fluktuationsrate des Unternehmens sinkt, was wiederum Einsparungen bei Wiederbeschaffungskosten ermöglicht.

---

[57] Vgl. BUNDESMINISTERIUM FÜR FAMILIE, SENIOREN, FRAUEN UND JUGEND u. a., 2003a: S. 16f.

5.1.1.2. Wiedereingliederungskosten

Wiedereingliederungskosten sind Kosten für Einarbeitung, Aus-, Fort- und Weiterbildungen und für Minderleistungen von neuen Beschäftigten. Je kürzer die genommene Auszeit, umso geringer sind auch die Wiedereingliederungskosten. Wenn man, wie in der PROGNOS-Studie, Werte für Fortbildungs-, Einarbeitungs- und Minderleistungskosten von Neueinsteigern annimmt und diese in Beziehung zu Wiedereingliederungskosten von Mitarbeitern setzt, die in Elternzeit sind, kann man Folgendes annehmen: Nach 6 Monaten betragen die Wiedereingliederungskosten 15 % der Aus- und Fortbildungs-, Einarbeitungs- und Minderleistungskosten bei Neueinstellung. Nach 12 Monaten liegen diese Kosten bei 30 % und nach 18 Monaten schon bei 50 %. Bei Auszeiten von mehr als 36 Monaten liegen die Kosten dann bei 75 %, entstehen also Wiedereingliederungskosten, die ähnlich hoch sind wie die Kosten bei Neueinstellungen.[58]

Geringe Wiedereingliederungskosten können erreicht werden, wenn die Auszeit sehr kurz gehalten wird, indem Teilzeit oder Telearbeit, Vertretungen und/oder Weiterbildungen während der Elternzeit geleistet werden.

5.1.1.3. Überbrückungskosten

Überbrückungskosten sind Kosten, die entstehen, um die Elternzeit von Beschäftigten zu überbrücken. Zu unterscheiden ist dabei zwischen Kosten für eine unbefristete Einstellung von Personal, eine befristete Einstellung, eine Umverteilung von Arbeit und Kosten für Mehrarbeit. Die unbefristete Einstellung ist im Vergleich mit den anderen Möglichkeiten mit den höchsten Kosten verbunden, da sehr gut unter Bewerbern ausgewählt werden muss und beachtet werden sollte, dass dem rückkehrenden Mitarbeiter später eine äquivalente Stellung ermöglicht werden kann.

---

[58] Vgl. BUNDESMINISTERIUM FÜR FAMILIE, SENIOREN, FRAUEN UND JUGEND u. a., 2003a, S. 17

Je kürzer die zu überbrückende Zeit, umso eher kann Arbeit umverteilt werden oder Mehrarbeit durch die anderen Beschäftigten geleistet werden und umso geringer sind die Kosten, weil weniger in die Rekrutierung, Auswahl etc. der Ersatzkräfte an Aufwand und Kosten investiert wird. Allerdings steigen dann die Kosten für Einarbeitung und Minderleistungen, da die Ersatzkräfte möglicherweise nicht ausreichend qualifiziert sind oder weniger in Fort- und Weiterbildung investiert wurde. Die Kosten der Überbrückung sind von Überbrückungszeitraum abhängig. So bestehen für befristete Ersatzkräfte bei 6 Monaten geringe Kosten für Anwerbung, Auswahl, Einstellung, Aus- und Fortbildung, aber höhere Kosten für Einarbeitung und Minderleistungen aufgrund von Defiziten bei Qualifikation und Motivation. Ab 36 Monaten sind die Kosten für eine befristete Ersatzkraft gleich denen einer unbefristeten Neueinstellung.[59] Je kürzer also der Überbrückungszeitraum, dass heißt, je schneller die zu ersetzenden Beschäftigten zurückkommen, desto geringer auch die Kosten.

Die Kosten für Mehrarbeit oder Umverteilung der Arbeit sind abhängig vom Qualifikationsniveau und von der Einkommensklasse der Beschäftigten, sie liegen bei 500 – 1500 EUR pro Monat und Arbeitsplatz.[60] Diese Variante ist die teuerste, weil diese Kosten zusätzlich aufgewendet werden müssen, quasi über das gesparte Gehalt des Beschäftigten in Elternzeit. Kehrt der abwesende Beschäftigte früher aus der Elternzeit zurück, dann sinken die Kosten der Überbrückung für befristete Arbeitsverhältnisse, Mehrarbeit und Umverteilung.

5.1.1.4. Kosten für Fehlzeiten

Erhöhte Belastungen und Stress können sich negativ auf die Gesundheit von Beschäftigten, besonders auf erwerbstätige Eltern, gerade mit kleinen Kindern auswirken und damit zu erhöhten Fehlzeiten führen. Im Übrigen kann auch die Krankheit eines Kindes zu Krankheits- und Fehlzeiten der Eltern führen. Fehl-

---

[59] Vgl. BUNDESMINISTERIUM FÜR FAMILIE, SENIOREN, FRAUEN UND JUGEND u. a. 2003a, S. 19
[60] Vgl. BUNDESMINISTERIUM FÜR FAMILIE, SENIOREN, FRAUEN UND JUGEND u. a. 2003a, S. 19

zeiten lassen sich mittels familienfreundlicher Maßnahmen verringern, wenn erhöhte Belastungen vermieden werden und wenn Betreuungen für die kranken Kinder gefunden bzw. gestellt werden, Zuhause gearbeitet werden kann und so Arbeit und Kinderbetreuung verbunden werden können.[61]

5.1.2. Empirisch belegte Einsparungen

Die Datengrundlage der PROGNOS-Studie bilden Personalcontrollingdaten aus zehn Unternehmen.[62] Diese wurden verwendet, um die wirtschaftliche Lage der untersuchten Unternehmen zu einem bestimmten Zeitpunkt zu beobachten. Da ein genaues Personalcontrolling, das die familiäre Situation der Beschäftigten erfasst, in kleinen und mittleren Unternehmen selten zu finden ist, mussten individuelle EDV-gestützte Datenerfassungsbögen entwickelt und eingesetzt werden. Spezifische Kennzahlen zur Elternzeit, wie Zahl der Abgänge pro Jahr, Dauer der Elternzeit, Fluktuation und Verbleibquoten der Rückkehrer konnten nur mit großem Aufwand erhoben werden. Ebenfalls sehr schwer war die Erfassung von Fehlzeitenquoten für Eltern, getrennt nach Vollzeit und Teilzeitbeschäftigten.[63]

Das Einsparpotenzial wurde nur unter Berücksichtigung von Maßnahmen für Eltern mit kleinen Kindern berechnet, die Auswirkungen von Maßnahmen für Beschäftigte, die Angehörige pflegen oder die Beschäftigte im Allgemeinen betreffen, blieben unbeachtet. Das ist, wie an anderer Stelle schon angedeutet wurde, insofern nicht weiter problematisch, als dass diese Gruppe der Beschäftigten wohl die größten Probleme damit hat, eine funktionierende Work-Life-Balance

---

[61] In der PROGNOS-Studie wurden Kosteneinsparungen durch Fehlzeiten nicht mit eingerechnet, weil die Daten der Fehlzeiten ungenügend waren, da in den Personalinformationssystemen nicht nach Eltern und Nicht-Eltern unterschieden werden konnte. Aufgrund ihres Ansatzes konnte die PROGNOS-Studie außerdem keine Nutzen wie Steigerungen der Motivation, der Effizienz oder der Produktivität erfassen.

[62] Es wurde Wert auf eine breite Streuung nach Branchen und Regionen gelegt, so dass typische mittelgroße deutsche Unternehmen untersucht wurden, teilgenommen haben: B. Braun Melsungen AG, Condat Informationssysteme AG, Fraport AG, GeneralCologne Re, Gerhard Rösch GmbH, Ratiopharm GmbH, SICK AG, Sparkasse Saarbrücken, Vaude Sport GmbH & Co.KG, Wintershall AG (Vgl. BUNDESMINISTERIUM FÜR FAMILIE, SENIOREN, FRAUEN UND JUGEND u. a., 2003a: S. 36f.).

[63] Vgl. BUNDESMINISTERIUM FÜR FAMILIE, SENIOREN, FRAUEN UND JUGEND u. a., 2003a: S. 13

herzustellen, weil sie wohl die umfangreichsten privaten Verpflichtungen hat. Wenn die Maßnahmen also in Bezug auf diese Gruppe erfolgreich sind, dann kann angenommen werden, dass sie dies auch für andere Beschäftigtengruppen mit weniger privaten Belastungen sind.[64]

In der Prognos Studie wurden Daten erhoben, die einen Vergleich ermöglichen zwischen der Situation ohne familienfreundliche Maßnahmen und einer in der familienfreundlichen Maßnahmen angeboten werden. Untersucht wurden die Kosten familienfreundlicher Maßnahmen und die Einsparungspotentiale bzw. der Nutzen, den solche Maßnahmen bieten. Da die Quantifizierung der Auswirkungen der Maßnahmen in Geldeinheiten hier ebenfalls schwierig war, wurden die Auswirkungen, also auch die Einsparpotentiale, über quantitative Befragungen mittels Kennzahlen und durch Schätzungen von Personalverantwortlichen, wenn keine Kennzahlen vorhanden waren, eruiert. Es wurde ein Szenario mit dem Ist-Zustand des Unternehmens erarbeitet und ein Szenario, das dieses Unternehmen ohne familienfreundliche Maßnahmen darstellt. Dazu wurden bundesweite Durchschnittswerte und die Kostenstrukturen des betreffenden Unternehmens einbezogen. Beim Vergleichsszenario wurde angenommen, dass die Teilzeitquote der weiblichen Beschäftigten bei 28 % liegt, die Wiedereinstiegsrate nach der Elternzeit bei 59 %, wobei 78 % der Rückkehrerinnen Teilzeit arbeiten. Weitere Annahmen sind, dass die gesetzliche Elternzeit vollständig ausgeschöpft wird und die Fluktuationsrate bei 5 % liegt. Die bereits realisierten Einsparungen lassen sich im Vergleich der betreffenden Werte in den Szenarien erkennen.

Die Mitarbeiterzahl hat erheblichen Einfluss auf die Einsparungen der Unternehmen.

[64] Daher kann davon ausgegangen werden, dass das Einsparpotenzial bzw. der Nutzen höher ausfällt, wenn die Maßnahmen auf alle Beschäftigten ausgedehnt werden und auch Steigerungen der Motivation, der Effizienz oder der Produktivität erfasst werden, was in der PROGNOS Studie nicht geschah.

Damit die Werte der Unternehmen verglichen werden können, werden die Einsparungen auf die Zahl der Abgänge in Elternzeit angegeben. Die Einsparpotentiale, die Höhe der Personalbeschaffungskosten für die Überbrückungs- und Ersatzbeschaffung sind abhängig von der Qualifikationsstruktur der Beschäftigten und der Situation am Arbeitsmarkt.
Die PROGNOS-Studie kommt bei den untersuchten Unternehmen zu Einsparungen, die abhängig von der Größe der Unternehmen mehrere 100.000 Euro betragen, im Fall der Fraport AG sogar über 1 Mio. EUR. Das Kosteneinsparpotential umfasst alle durch eine mangelnde Vereinbarkeit von Familie und Beruf resultierten Aufwendungen. Die genaueren Einsparungspotenziale werden im Kap. 5.3. differenzierter behandelt, hier sei nur auf die realisierten Einsparungen der Unternehmen hingewiesen, die an der Studie teilgenommen haben.

Die Unternehmen B. Braun Melsungen AG, GeneralColgne Re und der Wintershall haben Einsparpotentiale von 300.000 bis 400.000 EUR realisierten können. Bei der Fraport liegt dass Kosteneinsparpotential bei 1.292.365 EUR und es konnten bereits Einsparungen von 995.242 EUR realisiert werden.[65] Von der Anzahl der Mitarbeiter ist dabei die Höhe der absoluten Einsparungen abhängig. Um einen Vergleich der Unternehmen und ihren Einsparungen zu ermöglichen, werden die Einsparungen auf die Zahl der Abgänge in Elternzeit bezogen. So wird deutlich, dass die Unternehmen mit ihren eingesetzten familienfreundlichen Maßnahmen bis zu 60 % des Kosteneinsparpotentials generieren konnten. Die bereits realisierten Einsparungen pro abgehendem/r Mitarbeiter/-in beliefen sich bei der Fraport AG auf 17.063, bei der GeneralCologne Re auf 19.674, bei der Wintershall bei 38.020, bei Rösch auf 12.040 und bei B. Braun Melsungen auf 6.936 EUR[66]

[65] Vgl. BUNDESMINISTERIUM FÜR FAMILIE, SENIOREN, FRAUEN UND JUGEND u. a. 2003a, S. 21
[66] Vgl. BUNDESMINISTERIUM FÜR FAMILIE, SENIOREN, FRAUEN UND JUGEND u. a., 2003a: S. 20 und 21

5.1.3. Vorteile und Nutzen von einzelnen Work-Life-Balance-Maßnahmen für die Unternehmen

Im Folgenden soll näher auf die positiven Auswirkungen der einzelnen Maßnahmen eingegangen werden. Wenn keine empirischen Belege für Auswirkungen gefunden wurden, werden erwartbare Vorteile angegeben. Insgesamt basieren die in dieser Arbeit angegebenen Auswirkungen der einzelnen Maßnahmen, also die Vorteile, Nutzen, Nachteile und Kosten für die Unternehmen und für die Beschäftigten zum Teil auf Literaturangaben, zum Teil wurden sie aber auch selbst erarbeitet. Und zwar indem quasi die logischen Auswirkungen aus der Konstruktion der Maßnahmen abgeleitet wurden.

5.1.3.1. Nutzen der primären Work-Life-Balance-Maßnahmen

Arbeitszeitflexibilisierung[67]

Ein großer Vorteil von Arbeitszeitflexibilisierung für Unternehmen ist die Möglichkeit, die Betriebszeit von der individuellen Arbeitszeit der Beschäftigten lösen zu können. Betriebliche Abläufe können optimiert werden, dadurch kann die Produktivität gesteigert werden, z. B. durch längere Maschinenlaufzeiten. Außerdem kann die Produktion an die Nachfrage angepasst werden. So kann auf Konjunkturschwankungen reagiert werden, ohne Personal zu entlassen oder wieder einzustellen zu müssen.

[67] Maßnahmen, die die Arbeitszeit betreffen, werden am häufigsten eingesetzt, so bieten nach dem IAB-KURZBERICHT vom 6. August 2003 zwei Drittel der Betriebe mit mehr als zehn Beschäftigten, die überhaupt Maßnahmen anbieten, Teilzeitarbeit, Gleitzeitmodelle, Telearbeit und Arbeitszeitkonten an (Vgl. MÖLLER & ALLMENDINGER, 2003: S. 4). Nach einer Studie vom INSTITUT FÜR MITTELSTANDSFORSCHUNG bieten 50,8 % der Unternehmen Maßnahmen zur flexiblen Arbeitszeitgestaltung an, Telearbeit beispielsweise dagegen nur 9,8 % (Vgl. BACKES-GELLNER et al., 2003: S. 31). Die vom MONITOR FAMILIENFREUNDLICHKEIT ausgewerteten Teilergebnisse einer vom INSTITUT DER DEUTSCHEN WIRTSCHAFT durchgeführten Unternehmensbefragung findet die flexible Tages- und Wochenarbeitszeit mit 58 % als die verbreiteteste Maßnahme (Vgl. FLÜTER-HOFFMANN & SOLBRIG, 2003: S. 8). Und der Berichtsband „Strategien einer familienbewussten Personalpolitik", der von der GEMEINNÜTZIGEN HERTIE-STIFTUNG in Auftrag gegeben wurde, kommt sogar zu dem Ergebnis, dass Unternehmen, die in Bezug auf die Familienfreundlichkeit aktiv sind, zu 85 % Arbeitszeitflexibilisierung anbieten (Vgl. GEMEINNÜTZIGE HERTIE-STIFTUNG, 2003: S. 7 auch Becker, 2003a: S. 26).

Das Unternehmen kann sich darüber hinaus mit flexiblen Arbeitszeiten besser an Kundenbedürfnisse anpassen.[68] Die Effizienz und die Wettbewerbsfähigkeit werden gesteigert.

In Bezug auf die Beschäftigten ist ein Wandel bei den Bedürfnissen zu erkennen, Frauen wollen mehr arbeiten und auch in qualifizierten Berufen, gleichzeitig wollen immer mehr Männer mehr Zeit für ihre Familien haben.[69] Dies macht eine flexiblere Personaleinsatzplanung notwendig, die Teilzeit, Job-Sharing, etc. umfasst und die Attraktivität des Unternehmens gerade für qualifizierte Beschäftigte und Führungskräfte erhöht. So konnte empirisch gezeigt werden, dass flexible Arbeitszeitregelungen, etwa Maßnahmen wie Telearbeit, in gleicher Weise Familienzeiten und Sportmöglichkeiten zu höheren Bindungen an das Unternehmen führen.

Gerade weibliche Führungskräfte zeigen eine größere Arbeitszufriedenheit und eine stärkere Bindung an die Organisation, wenn sie wahrnehmen, dass von ihrer Organisation flexible Arbeitszeiten angeboten wurden, im Gegensatz zu Führungskräften, die dies nicht wahrnehmen. Dieser Effekt verstärkte sich noch bei Führungskräften, die dieses Angebot annahmen und familiäre Verpflichtungen hatten.[70] Aufgrund der stärkeren Bindung und der höheren Arbeitzufriedenheit ist eine Effizienzsteigerung des Unternehmens zu erwarten. So stellt ROST (2004) fest, dass flexibilisierte Arbeitszeiten, besonders bei selbstständiger Einteilung der Arbeitszeit zu Steigerungen der Zufriedenheit und Motivation führen, wodurch ebenfalls die Einsatzbereitschaft, das Engagement, die Flexibilität und die Identifikation der Beschäftigten mit dem Unternehmen erhöht wird.[71]

---

[68] Vgl. BUNDESMINISTERIUM FÜR FAMILIE, SENIOREN, FRAUEN UND JUGEND, ohne Jahr: S. 15
[69] vgl. z.B. ROST 2004
[70] SCANDURA & LANKAU, 1997: S. 389ff.
[71] ROST, 2004: S. 35 u. S. 128f.

Generell ist festzuhalten, dass Auswirkungen wie erhöhte Motivation und Zufriedenheit, erhöhte Einsatzbereitschaft, stärkere Bindung an das Unternehmen und darauf folgend dann auch „härtere" betriebswirtschaftlich messbare Auswirkungen wie Effizienz- und Produktivitätssteigerungen und allgemein die Verbesserung der Wirtschaftlichkeit des Unternehmens,[72] bei allen Work-Life-Balance-Maßnahmen, die zur Verbesserung der Vereinbarkeit von Berufs- und Privatleben durchgeführt werden, auftreten bzw. zu erwarten sind, wenn auch in unterschiedlicher Intensität.[73]

Arbeitszeiterfassungssystemen/Arbeitszeitkonten

Die Vorteilhaftigkeit besteht für Unternehmen vor allem in der Kontrolle der Arbeitszeiten und in der Möglichkeit, Arbeitszeiten mit bestimmten Tätigkeiten und Abläufen im Unternehmen in Beziehung setzen zu können. Durch diese Erfassung können ebendiese Abläufe optimiert werden und z. B. Telearbeit vorbereitet werden.[74] Der Personalaufwand zur Arbeitszeiterfassung reduziert sich durch Arbeitszeiterfassungssysteme. Durch Arbeitszeitkonten kann besser auf Auslastungsschwankungen reagiert werden und damit Kosten für Mehrarbeit oder Unterauslastung gespart werden.[75]

Vertrauensarbeitszeit

Eigentlich sollte Leistung der Beschäftigten zentral für Unternehmen sein und nicht die von den Beschäftigten im Unternehmen verbrachte Zeit. Ansonsten wird nämlich Zeit und Leistung verwechselt. So liegt dann der Vorteil von Vertrauensarbeitszeit für Unternehmen gerade darin, das nur die letztendliche Arbeitsleistung beachtet wird. Die Beschäftigten sind selbstständig dafür Verant-

---

[72] Diese können quasi als Resultat der zuerst genannten Auswirkungen verstanden werden sie folgen diesen nach.
[73] Und zwar auch wenn darauf nicht bei jeder Maßnahme hingewiesen wird. Die Auswirkungen können sich, wie im Kapitel über die Messproblematik dargelegt, überschneiden, verstärken etc. Daher sollen bei der Darstellung der Auswirkungen der einzelnen Maßnahmen vornehmlich die charakteristischen Wirkungen der einzelnen Maßnahme beachtet werden.
[74] Vgl. BERUFUNDFAMILIE, 2006

wortlich, ihre Fähigkeiten in Arbeitsleistungen umzuwandeln, ihre Arbeit und ihre Zeit einzuteilen und sich selbst zu motivieren. Dadurch sind Produktivitäts- und Effizienzsteigerungen zu erwarten.

Gleitzeit

Gleitzeitregelungen, vor allem solche mit einem großem Arbeitszeitfenster, nützen dem Unternehmen dahingehend, dass sie für potentielle Kunden über einen sehr langen Zeitraum zu erreichen sind und somit sehr dienstleistungs- und kundenfreundlich sind, ohne dabei mehr Beschäftigte beschäftigen zu müssen.[76] Gleitzeit ermöglicht es somit, den Einsatz von Personal optimaler an betrieblichen Anforderungen auszurichten. Dabei ist vorauszusetzen, dass die Absprachen zwischen dem Unternehmen und den Beschäftigten und die Absprachen der Beschäftigten untereinander funktionieren, da beispielsweise auf bestimmte Zeiten mit erhöhtem Arbeitsaufkommen oder auf Betriebsabläufe und offizielle Sprech- und Geschäftszeiten Rücksicht genommen werden muss.

Durch die gewährten Freiheiten in Bezug auf Beginn und Ende der Arbeitszeit und die Berücksichtigung der Bedürfnisse der Beschäftigten resultiert weiterer Nutzen wie erhöhte Loyalität, ein verstärktes Entgegenkommen der Beschäftigten und erhöhte Motivation und Leistungsbereitschaft der Beschäftigten.

Sabbatical

Wenn Sabbaticals längerfristig geplant sind, auf eine bestimmte Zeitspanne begrenzt werden und wenn betriebliche Erfordernissen beachtet werden, kann das Vorteile für das Unternehmen bringen. So können konjunkturschwache Zeiträume überbrückt werden, in denen Arbeitsmangel besteht, ohne Beschäftigte zu

[75] Vgl. BUNDESMINISTERIUM FÜR FAMILIE, SENIOREN, FRAUEN UND JUGEND, ohne Jahr: S. 16
[76] Vgl. BERUFUNDFAMILIE, 2006

entlassen. Dadurch behält das Unternehmen dann langfristig qualifizierte und motivierte Arbeitskräfte.

Darüber hinaus werden die Beschäftigten stärker an das Unternehmen gebunden und sind motivierter, wenn sie merken, dass ihnen Freiraum für private Dinge gewährt wird. Weiter kann es von Vorteil sein, wenn bestimmte Betreuungsaufgaben oder private Angelegenheiten während des Sabbaticals im Ganzen erledigt werden und nicht nur stückweise zwischendurch oder während der Arbeit, die möglicherweise noch unterbrochen werden muss oder es zu beständigen Fehlzeiten kommt. Wenn sich die Beschäftigten möglicherweise noch während des Sabbaticals weiterqualifizieren – vielleicht noch neben Betreuungsaufgaben – dann profitieren die Unternehmen von der gestiegenen Qualifikation der Beschäftigten.[77] Als Erweiterung der Qualifikationen kann man außerdem die Erweiterung von Kompetenzen wie beispielsweise die Fähigkeiten zu planen, zu organisieren und zu kommunizieren bezeichnen, die in der Familienarbeit geschult werden, ebenfalls wie die Fähigkeit unter Belastung zu agieren, flexibel und teamfähig zu sein. Diese Fähigkeiten sind ebenfalls für Unternehmen von Bedeutung.

Teilzeitarbeit

Ein Vorteil von Teilzeitarbeit für die Unternehmen ist die Entkopplung von Betriebs- und Arbeitszeiten. Dadurch kann es zu einer „Optimierung der aufgaben- oder arbeitsplatzbezogenen Personalbedarfsplanung" kommen.[78]

Weiter sind die Beschäftigten, die in Teilzeitarbeit beschäftigt sind, erholter und motivierter, wenn sie die Arbeit als Ausgleich zum privaten Alltag betrachten; sie wollen etwas schaffen und sind dann auch produktiver. Sie werden psychisch weniger durch die Arbeit belastet, wodurch ihre Effizienz in Bezug auf die Ar-

---

[77] Vgl. BERUFUNDFAMILIE, 2006

beit steigt, da ihre Leistungsfähigkeit beständig erhalten wird.[79] Daher wären generell Arbeitszeitverkürzungen aus betriebswirtschaftlicher Sicht erstrebenswert. Darüber hinaus ist zu erwarten, dass sich das Familienleben der Beschäftigten bei mehr (zeitlicher) Zuwendung verbessert und damit private Probleme nicht in die Arbeit hineingetragen werden.

Abgestufte Teilzeit

Die abgestufte Teilzeit ermöglicht niedrigere Einarbeitungs-, Überbrückungs-, Wiedereingliederungskosten, da die Beschäftigten schneller nach der Auszeit wieder zurückkehren. Außerdem kann durch die abgestufte Teilzeit ein komplettes familienbedingtes Ausscheiden des Beschäftigten aus dem Unternehmen vermieden werden. Dadurch bleiben dem Unternehmen die Qualifikationen erhalten, bzw. stehen diesem schneller wieder zur Verfügung. Eventuell auftretende Personalbeschaffungskosten, wenn aufgrund von Personalmangel zusätzliches Personal eingestellt werden muss, können gesenkt werden, wenn Ersatzpersonal aus dem Unternehmen selbst kommt.[80]

Teilzeit während der Elternzeit

Den Unternehmen entsteht zum einen ein Vorteil, da die Arbeitskraft des betreffenden Beschäftigten weiterhin zur Verfügung steht und damit auch seine Qualifikation, sein Know-how und seine Zeit. Zum anderen entstehen keine zusätzlichen Kosten für Rekrutierung, Einarbeitung und Qualifikation von neuem Personal. Wiedereingliederungsmaßnahmen, die nach der Elternzeit anfallen würden, werden ebenso vermieden, da der Kontakt mit dem Unternehmen gehalten wird. Der rechtliche Rahmen erlaubt es, dass in der Elternzeit bis zu 30 Stunden in der Woche gearbeitet werden kann.[81] Diese Stundenanzahl reicht aus, um die

---

[78] ROST, 2004: S. 33
[79] Vgl. ROST, 2004: S. 33
[80] Vgl. BERUFUNDFAMILIE, 2006
[81] Vgl. BERUFUNDFAMILIE, 2006

Qualifikation der Beschäftigten zu erhalten, allerdings ist darüber hinaus eine kontinuierliche Erwerbstätigkeit wichtig, die durch die Teilzeit während der Elternzeit ebenfalls gewährleistet wird. Die Erhaltung der Qualifikation der Beschäftigten ist für das Unternehmen wichtig, denn würde diese Qualifikation verfallen, würde ebenso die Investition des Unternehmens in diese Qualifikationen verfallen.[82]

Jahresarbeitszeit

Durch Jahresarbeitszeit können die Kosten für Kurzarbeit, Überstunden und Zeitarbeitsverträge eingespart werden, da die Jahresarbeitszeit der Beschäftigten mit Zeiten hohem und niedrigen Arbeitsaufkommen abgestimmt werden kann.[83]

Lebensphasenorientierte Arbeitszeit

Es können Beschäftigte und damit ebenso ihre Qualifikationen im Unternehmen gehalten werden, die möglicherweise sonst, wenn ihre privaten Bedürfnisse nicht berücksichtigt würden, das Unternehmen verlassen würden. In diesem Fall also an der spezifischen Lebensphase orientierte Arbeitszeiten. Ein drohender Arbeitskräftemangel kann durch ältere Beschäftigte oder verstärkte Frauen und Müttererwerbstätigkeit abgemildert werden, denn das Angebot an Arbeitskräften wird zukünftig verstärkt durch Alterung und Stagnation des Qualifikationsniveaus geprägt sein. Die Unternehmen benötigen allerdings zunehmend innovativere und kreative und flexible Beschäftigte.[84]

Job-Sharing

Durch die Teilung von Stellen ist eine höhere Produktivität der Beschäftigten zu erwarten, da kürzer und intensiver gearbeitet wird und die halbe Stelle die Be-

---

[82] Eichhorst & Thode, 2003: S. 20
[83] Vgl. berufundfamilie 2006 und Deutscher Industrie- und Handelskammertag u. a., 2004: S.11 und Bundesministerium für Familie, Senioren, Frauen und Jugend u. a., ohne Jahr: S. 16
[84] Vgl. Becker, G. S., 2003

schäftigten nicht überfordert. Sie leisten mehr, da eine „doppelte Motivation vorhanden ist, notwendige Erholungspausen reduziert werden und Ermüdungserscheinungen seltener auftreten.“[85]

Wenn mehr Beschäftigte eingestellt werden, also ein großer Beschäftigtenpool entsteht und besteht, vergrößert sich gleichzeitig auch das im Unternehmen vorhandene Know-how; das Unternehmen verfügt über ein größeres Potential an Kreativität, Kompetenz, Wissen und Erfahrung, was die Qualität der Arbeit verbessern kann. Ebenfalls verfügt das Unternehmen über potenzielle Arbeitskraft und kann daher in Zeiten mit einem hohen Arbeitsanfall auf viele qualifizierte Beschäftigte zugreifen.
Überdies besteht durch das Job-Sharing eine hohe Flexibilität in Bezug auf die Arbeitszeiten. Arbeits- und Betriebszeiten können entkoppelt werden. Der Arbeitsplatz kann daher fortwährend besetzt werden, so kann im Falle der Krankheit eines Beschäftigten eine gegenseitige Vertretung organisiert werden.

Job-Sharing wäre im Übrigen eine Möglichkeit das Arbeitskraftpotenzial der Frauen verstärkt zu nutzen, wenn eine Vollzeiterwerbstätigkeit aufgrund von privaten Verpflichtungen nicht möglich ist. Damit kann dem zu erwartenden Fachkräftemangel entgegengewirkt werden.[86]

Freie Regelung der Pausen

Mit freien Pausenregelungen können Kosten für Überstunden oder Ersatzkräfte vermieden werden. Diese Kosten würden bei betriebsbedingten Ausfällen oder wenn Beschäftigte aufgrund von Notfällen fehlen, anfallen, wenn darauf nicht durch flexible Pausenzeiten reagiert werden könnte.[87] Allerdings sollten Rahmenbedingungen gesetzt sein, um zu verhindern, dass die Beschäftigten sich

---

[85] BERUFUNDFAMILIE 2006
[86] Vgl. GERLACH, 2004: S. 288f.
[87] Vgl. BERUFUNDFAMILIE, 2006

ständig zu unkalkulierbaren Bedingungen gezwungen fühlen Pause zu machen, denn dies würde eine Work-Life-Balance konterkarieren und damit den nützlichen Auswirkungen auf die Unternehmen entgegenwirken.

Sonderurlaub

Als Nutzen ist beim Sonderurlaub vor allem eine hohe Solidarität seitens der Beschäftigten durch die beschäftigtenfreundlichen Regelungen zu erwarten. Darüber hinaus sind Auswirkungen wie stärkere Bindung, höhere Motivation und Zufriedenheit zu erwarten, auf die weiter oben schon eingegangen wurde.

Erziehungsurlaub

Ein Nutzen für Unternehmen besteht in der Aneignung zusätzlicher Kompetenzen durch die Beschäftigten. Denn in der Familienarbeit und der Herstellung einer besseren Balance zwischen Beruf und Familie entwickeln die Beschäftigten soziale Kompetenzen, die dem Unternehmen in gleicher Weise nützen, denn in beiden Lebensbereichen müssen Konflikte bewältigt werden. Es muss organisiert und flexibel gehandelt werden, die Beschäftigten lernen, „Teamfähigkeit, Zuhören können, Verhandlungskompetenz, Managen und Organisieren können, Kompromissfähigkeit, konstruktive Durchsetzungsfähigkeit und Verantwortungsbereitschaft“.[88]

Arbeit mit nach Hause nehmen

Ein Vorteil für Unternehmen besteht darin, dass diese Maßnahme eine hohe Motivation der Beschäftigten zur Folge hat, denn diese wollen die Arbeit von Zuhause schnell und gut erledigen, um zu zeigen, dass sie hier ebenso gut und verlässlich arbeiten: „Arbeit von zu Hause bedeutet dann: gleichbleibend hohe Leistungen in kürzerer Zeit aufgrund höherer Eigenmotivation“.[89] Für Unter-

---

[88] ROST, 2004: S. 23
[89] BERUFUNDFAMILIE, 2006

nehmen resultiert somit aus flexibler Handhabung von Arbeitsort und Arbeitsablauf eine hohe Einsatzbereitschaft der Beschäftigten,[90] was die Qualität der Arbeit, die Produktivität und die Effizienz erhöht. Der Vorteil gegenüber der Teleheimarbeit liegt darin, dass kein extra Arbeitsplatz eingerichtet werden muss, wodurch Kosten eingespart werden können.

Teleheimarbeit

Durch Teleheimarbeit können erstens Kosten für Büroflächen eingespart werden. Zweitens können die Arbeitsqualität und die Produktivität durch eine erhöhte Motivation und Einsatzbereitschaft der Beschäftigten verbessert werden, wie bei der vorhergehenden Maßnahme. Man könnte dabei von einer besseren, auf jeden Fall aber einer eigenständigeren Transformation von Arbeitskraft ausgehen. Drittens kann die Arbeitsorganisation flexibler gestaltet und verbessert werden und zwar auch durch effektiven Personaleinsatz und flexiblere und bessere Kundenbetreuung. So stellt ROST (2004) fest, dass eine „bessere Nutzung und Integration hochqualifizierter Beschäftigter" ermöglicht wird, was eine erhöhte Mitarbeitermotivation, -zufriedenheit und Identifikation mit dem Unternehmen nach sich zieht.[91] Die Auswirkungen der Erhöhung von Zufriedenheit und Motivation und dem damit bedingten Ansteigen der Produktivität sehen auch BOSCH UND PIETZCKER (2003), darüber hinaus erleichtert diese Maßnahme ihrer Erkenntnis nach die Rekrutierung „guter" Mitarbeiter.[92]

Diese Nutzen bestehen in gleicher Weise bei alternierender Telearbeit. Bei dieser Form der Telearbeit besteht der Vorteil für Unternehmen im Gegensatz zu herkömmlicher Arbeitsorganisation darin, dass nicht für alle Beschäftigten ein ausgestatteter Arbeitsplatz im Unternehmen vorhanden sein muss. Die Arbeitsplätze bzw. Büros können geteilt werden, da nicht immer alle Beschäftigten zur

---

[90] Vgl. BECKER, 2003a: S. 28
[91] ROST, 2004: S. 40
[92] Vgl. BOSCH & PIETZCKER, 2003: S. 32

gleichen Zeit anwesend sind. Solche „Desk-Sharing-Lösungen“ bergen daher ein Rationalisierungspotential und ermöglichen eine flexible Bürostruktur, da viele Beschäftigte Zuhause oder beim Kunden arbeiten.[93] In einem „Flexible Office“, indem die Organisation der Büroarbeit flexibilisiert ist, da es nicht für jeden ein Büro gibt, wird die Büroorganisation gewissermaßen optimiert. Das Führungsverhalten und die Zusammenarbeit zwischen den Abteilungen verbessert sich, da es keine sichtbaren Hierarchien gibt, dafür aber schnelle und direkte Kommunikationswege. Es kann ergebnisorientierter und ortsungebundener gearbeitet werden, wodurch sich Arbeitsprozesse, Produktivität und die Wirtschaftlichkeit des betreffenden Unternehmens verbesserten. Ferner muss nicht mehr so oft umgezogen werden und die Kosten für die Büros konnten gesenkt werden.[94]

Satellitenbüro

Bei Satellitenbüros können Kosten gespart werden, weil geringere Kosten für die Büroräume anfallen, da diese dezentral in günstigeren Gebieten liegen.

Teamarbeit

Ein Vorteil für das Unternehmen bei Teamarbeit ist, dass das Team selbständig die überantwortete Arbeit aufteilt, somit entfällt bzw. verringert sich der Aufwand und die Kosten für die Personaleinsatzplanung und für die Kontrolle der Beschäftigten, da die einzelnen Teammitglieder sich gegenseitig kontrollieren. Den Teams müssen nur ganze Aufgabenpakete gegeben werden, die nach Abschluss der Teamarbeit in Hinsicht auf Qualität bzw. Quantität geprüft werden.[95] Ein weiterer Nutzen sind die zu erwartenden guten Arbeitsergebnisse, die aus dem Zusammenwirken der unterschiedlichen Kompetenzen und Fähigkeiten der Teammitglieder resultieren.

---

[93] Vgl. BOSCH & PIETZCKER, 2003: S. 33
[94] Vgl. BOSCH & PIETZCKER, 2003: S. 33, 34, 35
[95] Vgl. BERUFUNDFAMILIE, 2006

Überprüfen von Arbeitsabläufen

Das Überprüfen von Arbeitsabläufen im Hinblick auf die Work-Life-Balance der Beschäftigten kann arbeitsorganisatorische Probleme aufdecken und zu Innovationen führen, die sich positiv auf die Effektivität von Arbeitsabläufen auswirken. Sie wirken sich damit positiv im Unternehmen und in Hinsicht auf den Markt aus.[96]

5.1.3.2. Nutzen der sekundären Work-Life-Balance-Maßnahmen

Der generelle Nutzen aller sekundären Maßnahmen besteht darin, dass durch sie die erfolgreiche Umsetzung der primären Maßnahmen forciert und wahrscheinlicher wird und damit erst die Nutzenpotenziale der Work-Life-Balance-Maßnahmen im Allgemeinen ermöglicht werden.

Informations- und Kommunikationspolitik

Der Nutzen von Informationspolitik liegt darin, dass die Beschäftigten über bestimmte betriebliche Bedingungen informiert werden können, die von den Beschäftigten berücksichtigt werden müssen wie z. B. bestimmte Kernzeiten bei Gleitzeitregelungen, in denen gearbeitet werden muss etc. Ferner kann den Beschäftigten in Gesprächen ein Verständnis für betriebliche Notwendigkeiten vermittelt werden und gleichzeitig das Gefühl gegeben werden in ihrer Lage verstanden worden zu sein.[97] Außerdem müssen die Beschäftigten erst über die Existenz bestimmter Work-Life-Balance-Maßnahmen und ihrer Vorteile für sie informiert werden, denn ohne die Kenntnis von den Maßnahmen können diese nicht durch die Beschäftigten in Anspruch genommen werden und folglich können dann auch nicht die vielen Nutzen der Maßnahmen für das Unternehmen generiert werden.

---

[96] Vgl. BERUFUNDFAMILIE, 2006
[97] Vgl. DEUTSCHER INDUSTRIE UND HANDELSKAMMERTAG u. a., 2004: S. 21

Es ist also wichtig die Beschäftigten über einzelne Maßnahmen und über die gesamte Unternehmensphilosophie zu informieren und aufzuklären. Es muss vernünftig kommuniziert werden, dass beispielsweise familiäre Verpflichtungen und die Inanspruchnahme von Maßnahmen durch die Beschäftigten keine negativen Konsequenzen in Form von Nachteilen bei der Einstellung oder bei Beförderungen für sie haben. Denn wie HOCHSCHILD (2002) konstatiert, gibt es viele Faktoren für die Entscheidung zu langen Arbeitszeiten und gegen die Inanspruchnahme bestimmter Maßnahmen. Dazu gehören bei unteren Hierarchiestufen finanzielle Gründe und die Angst um den Arbeitsplatz. Bei hohen Hierarchiestufen wirkt die Unternehmenskultur oft hemmend, verkürzte Arbeitszeiten werden als Hinweis auf fehlendes Engagement für das Unternehmen gesehen, die Beschäftigten befürchten, dass sie etwa mit kürzeren Arbeitszeiten ihre Aufstiegschancen verschlechtern würden. Weiter gibt es formelle und informelle Widerstände und schließlich hat die Erwerbsarbeit eine starke Anziehungskraft, sie ist „ein komplexer kultureller Wert" geworden, wobei der private Bereich abgewertet scheint, die Arbeit wird zum Zuhause und das Zuhause zur Arbeit.[98] Die finanziellen Gründe sind schwer auszuräumen, wenn die Beschäftigten auf das Einkommen angewiesen sind. Aber ihrer Angst bei Inanspruchnahme der Maßnahmen den Arbeitsplatz zu verlieren, kann entgegengewirkt werden. Die Verwechslung von Arbeitszeit mit Arbeitsleistung kann genauso korrigiert werden, indem vernünftig kommuniziert wird und das Engagement im und für das Unternehmen ergebnisorientiert gemessen wird, nämlich an der Arbeitsleistung und nicht an der im Unternehmen verbrachten Zeit.

Es muss klar sein, dass allein die Leistung, unabhängig von der Person und ihrem Privatleben, ihre Einstellung und Beförderung bestimmt. Formelle und informelle Widerstände können ebenfalls ausgeräumt werden. Den Beschäftigten können Alternativen zur übermäßigen Erwerbsarbeit im privaten Bereich aufgezeigt werden wie soziales Engagement, eine gelungene Elternschaft etc. um so-

[98] Vgl. HOCHSCHILD, 2002: S. 33ff, 36, 39f, 211f, 219

mit die starke Anziehungskraft der Erwerbsarbeit etwas abzumildern, um damit eine Balance zwischen Beruf und Privatleben attraktiver zu machen und zu ermöglichen. Ein Bedürfnis nach Souveränität in Bezug auf die Zeiteinteilung und der Wunsch nach mehr Frei- und Familienzeit kann gezielt gefördert werden und dann zur Motivation der Beschäftigten durch das Unternehmen eingesetzt werden.

Schließlich ermöglicht die Kommunikationspolitik, dass die Beschäftigten auf Probleme hinweisen können und somit Verbesserungen ermöglicht werden. Darüber hinaus kann durch die Informations- und Kommunikationspolitik das Image des Unternehmens in der breiten Öffentlichkeit verbessert werden und so die Wirksamkeit der Maßnahmen verstärkt werden.[99]

Medien der Informations- und Kommunikationspolitik

Es stehen verschiedene Mittel zur Information und Kommunikation zur Verfügung. Der Vorteil der einzelfallspezifischen Information besteht darin, dass sie dem Unternehmen einen starken und nachhaltigen Kontakt mit den Beschäftigten ermöglichen, der Vertrauen schafft. Eine leichtere und günstigere Informationsverbreitung wird dagegen durch Medien wie Schwarzes Brett und Intranet ermöglicht. Betriebsversammlungen erlauben indessen eine umfassende Informierung über Maßnahmen. Während Betriebsfeste, Betriebsausflüge, die am besten mit Familienangehörigen veranstaltet werden, und Familientage eine ungezwungenere Aufklärung über angebotene Maßnahmen zulassen und die Beschäftigten stärker an das Unternehmen binden. Informiert und kommuniziert werden kann ferner über persönliche Kontakte, Gleichstellungsbeauftragte, Frauenbeauftragte, Genderbeauftragte, Männerbeauftragter, Familienbeauftragte etc. Diese Mittel haben den Vorteil, dass das Unternehmen über sie die Bedürfnisse und Wünsche der Beschäftigten angetragen bekommt und die Beschäftig-

[99] Vgl. BECKER, 2003a: S. 28

ten als Experten ihres Arbeitsplatzes Verbesserungsvorschläge machen und auf Probleme hinweisen können: „Denn durch die Institutionalisierung einer/eines Beauftragten wird ein kontinuierlicher Verbesserungsprozess in Gang gesetzt, der auch als Schiedsstelle zwischen den unterschiedlichen Interessen der Beschäftigten, der Führungskräfte und der Unternehmensleitung vermitteln und innovative Lösung aushandeln kann.“[100]

Information und Kontakt in Freistellungszeiten

Durch diese Kontaktmöglichkeit wird eine stärkere Bindung an das Unternehmen erreicht und zwar auch während der Freistellungszeit, weil sich die Beschäftigten weiterhin in das Unternehmen eingebunden fühlen. Weiterer Nutzen kann über Kosteneinsparungen durch eine Verkürzung der Einarbeitungszeit und das Entfallen der Wiedereingliederung nach der Rückkehr erzielt werden, weil die Beschäftigten über aktuelle Entwicklungen im Unternehmen informiert werden. Die Rückkehrquote kann durch den Kontakt in der Elternzeit erhöht werden.[101] Geeignete Mittel dazu sind die oben genannten Medien.

Es kann zudem von Vorteil für das Unternehmen sein, wenn die freigestellten Beschäftigten während der Freistellung an Weiterbildungsprogrammen teilnehmen, um einem Humankapitalverlust entgegenzusteuern[102] oder sogar den Wert des Humankapitals durch Qualifizierung zu erhöhen. Bindung und Erhalt von Kompetenz und Wissen der Beschäftigten ist generell wichtig, da Einarbeitung und Rekrutierung von neuem Personal sehr kostenintensiv ist und qualifizierte Beschäftigte aufgrund eines Fachkräftemangels besonders für kleine und mittlere Unternehmen, wo firmenspezifisches Wissen von Bedeutung ist, eine knappe Ressource darstellen.

---

[100] BERUFUNDFAMILIE, 2006
[101] Vgl. BUNDESMINISTERIUM FÜR FAMILIE, SENIOREN, FRAUEN UND JUGEND, 2005b: S. 26
[102] Vgl. BERGER, 2004: S. 82

Unternehmensphilosophie/-kultur/-leitsätze

Die Implementierung einer Work-Life-Balance-Mentalität in die Unternehmensleitlinien, bzw. die Unternehmenskultur hat den Vorteil, dass sie positive Auswirkungen auf die öffentliche Wahrnehmung des Unternehmens hat. Die öffentliche Wahrnehmung des Unternehmens ist wichtig für einen langfristigen Erfolg des Unternehmens und ein Image als sozialverantwortlich handelndes Unternehmen kann Wettbewerbsvorteile zur Folge haben. Mit der Öffentlichkeit ist dabei sowohl die Öffentlichkeit in Form von Verbrauchern gemeint, wo ein positives Image eine starke und langfristige Kundenbindung schaffen kann, es sind damit aber auch potenzielle zukünftige Beschäftigte gemeint, für die ein Arbeitgeber, der seine Beschäftigten mittels beschäftigtenfreundlichen Work-Life-Balance-Maßnahmen wertschätzt, attraktiv ist. Und schließlich sind damit ebenfalls potenzielle Geldgeber wie Banken gemeint, die bei ihren Investment-Entscheidungen zunehmend berücksichtigen, ob die Unternehmen sozial verantwortlich handeln und soziale Verantwortung übernehmen, weil sie gleichermaßen um die Vorteile von Ethik im Wettbewerb wissen.

Die Unternehmenskultur ist darüber hinaus entscheidend dafür, dass die Maßnahmen auch angewendet werden. In der Unternehmenskultur muss die Beschäftigtenfreundlichkeit gelebt werden, sonst bleiben die definierten Leitlinien nur leere Floskeln. So galt das von HOCHSCHILD (2002) untersuchte Unternehmen zwar als vorbildlich im Hinblick auf seine familienfreundlichen Angebote, trotzdem wurden diese jedoch nicht genutzt und zwar wegen der im Unternehmen praktizierten Anwesenheitskultur, hinter der ein Arbeitsverständnis des Vollzeit-Familien-Ernährers steckte. Leistung und Loyalität wurden mit körperlicher Anwesenheit gleichgesetzt. Um dem entgegenzuwirken kann die Sozialkompetenz der Führungskräfte entwickelt werden. Die Akzeptanz von Work-Life-Balance-Maßnahmen bzw. einer vereinbarkeitsfördernden Personalpolitik durch die Führungskräfte stellt dabei quasi eine Grundvoraussetzung dar, um den Erfolg und die Umsetzung solcher Maßnahmen sicherzustellen. Erst damit kann ein kontinuierlicher Prozess angestoßen werden, wobei „Führung und Organisation als Rahmen zur Gestaltung einer familienbewussten Personalpolitik“[103] dienen und benötigt werden.

Die Führungskräfte sollten die Balance von Arbeit und Leben vorleben, sie haben eine Vorbildfunktion, die genutzt werden sollte und für eine gelingende Work-Life-Balance von Bedeutung ist.[104] Eine vorbildliche Nutzung von Work-Life-Balance-Maßnahmen durch die Führungskräfte kann entscheidend zum Erfolg solcher Maßnahmen beitragen.

Ein klares Zeichen für Familienfreundlichkeit, die bei den Beschäftigten einen Eindruck hinterlässt, wäre eine männliche Führungskraft, die Elternzeit nimmt und oder auch eine Zeit lang Teilzeit arbeitet.[105] Doch gerade bei Führungskräften scheinen berufliche Zwänge problematisch in Bezug auf die Vereinbarkeit von Beruf und Familie zu sein. Und zwar sogar „dort, wo das nationale Umfeld und/oder die Beschäftigungsverhältnisse offenbar günstige Voraussetzungen für familienfreundliche Erwerbspraktiken bieten [...]“[106] wie anhand von Bankmanagern gezeigt werden konnte. Es müssen dann Karrierechancen vergeben werden, wenn Work-Life-Balance-Maßnahmen in Anspruch genommen werden. Bei qualifizierten Beschäftigten und Führungskräften ist eine Arbeitskultur vorhanden, in der gerade lange Arbeitszeiten dominieren[107], die eben gegen eine gelungene Work-Life-Balance laufen.

Allerdings ist selbst bei den Führungskräften längerfristig mit einer verstärkten Arbeitszeitflexibilisierung zu rechnen, da auch hier ein Wertewandel hin zu

[103] BUSCH & RUMP, 1999: S. 53
[104] Vgl. HUNZIGER & KESTING, 2004: S. 86
[105] Vgl. DEUTSCHER INDUSTRIE UND HANDELSKAMMERTAG u. a., 2004: S. 18f.
[106] CROMPTON, 2002: S.154
[107] Vgl. EVANS, 2001: S. 27

mehr Freiräumen eingesetzt hat und sogar davon ausgegangen werden kann, dass eine geringere Anzahl von Stunden im Unternehmen gearbeitet wird.[108] Teilzeitarbeit für Führungskräfte sollte ebenso langsam praktizierbar werden.[109] So könnte es beispielsweise möglich sein, dass Beschäftigten mehr Verantwortung übertragen wird, sie sich dennoch gleichzeitig eine geringere Arbeitszeit leisten könnten. Es sollte z. B. klar sein, dass Leistungsbereitschaft nicht mit Anwesenheit gleichzusetzen ist und dass das Bedürfnis nach Flexibilisierungen und einer besseren Vereinbarkeit von Arbeit und Leben nicht bedeutet, dass sich die Beschäftigten weniger in und für ihren Beruf engagieren. Es ist eine Veränderung der Führungskultur und der Arbeitsprozesse notwendig, hin zu einer „Diversity“,[110] also hin zu einer Ermöglichung von Unterschieden der Beschäftigten bezüglich persönlicher Komponenten wie Nationalität, Alter etc. und in Hinsicht auf persönliche und familiäre Verpflichtungen. Denn diese Diversität bringt dem Unternehmen Wettbewerbsvorteile.[111]

Wer jedoch als Führungskraft lange arbeitet und dies als notwendig für den beruflichen Erfolg erachtet, wird dies vermutlich ebenso von seinen Mitarbeiter verlangen, daher ist die Sensibilisierung der Führungskräfte im Hinblick auf die privaten Bedürfnisse und Verpflichtungen der Beschäftigten und ihre Work-Life-Balance wichtig für die erfolgreiche Durchführung von Work-Life-Balance-Maßnahmen. Diese Sensibilisierung kann durch folgende Maßnahmen entwickelt werden:[112]

[108] Vgl. STRATEMANN, 2001: S.371
[109] Genauer dazu MÜLLER, 2001
[110] So auch ERLER, 2004: S.156
[111] Siehe dazu Maßnahme „Private Verpflichtungen kein Hinderungsgrund für Neueinstellungen und Beförderungen“
[112] Die angebotenen Maßnahmen werden allerdings von 20 % der Unternehmen nicht mit Fragen bezüglich der Führungskompetenz und bei 27 % nicht mit Fragen der Personalentwicklung verbunden (Vgl. Gemeinnützige Hertie-Stiftung, 2003: S. 7).

Entwicklung der Sozialkompetenz

Sozialkompetenz trägt entscheidend zum Erfolg der Maßnahmen bei. Die Beschäftigten müssen das Gefühl haben, dass sie bei ihrem Vorgesetzten in ihren Bedürfnissen ernst genommen werden und diesen bei solchen Problemen aufsuchen können. HOCHSCHILD (2002) stellt in ihrer Studie fest, dass die im Unternehmen angebotenen Maßnahmen zur Arbeitszeitverkürzung wie Telearbeit und Job-Sharing nicht genutzt werden, im Gegensatz zum Betriebskindergarten, der sehr viel genutzt wurde. Dies liegt zum einen am Management, das solchen Maßnahmen gegenüber sehr kritisch eingestellt ist und eine Norm der Vollzeitarbeit vertritt, in der ein hoher Einsatz für das Unternehmen immer noch gleichgesetzt wird mit langen Arbeitszeiten, obwohl sich die Unternehmensspitze bemüht, eine familienfreundliche Unternehmenskultur zu schaffen. Zum anderen an den Beschäftigten selbst, die trotz Überbelastungen nicht weniger arbeiten, weil sie sich aufgrund ihrer anerkannten Leistungen, Freundschaften zu Kollegen etc. im Unternehmen wie Zuhause fühlen. Zu Hause dagegen wartet für Frauen und Männer Arbeit, Hausarbeit, Kinder, Streit.[113]

Zumindest die negative Einstellung der Führungskräfte gegenüber bestimmten Maßnahmen lässt sich durch die Entwicklung der Sozialkompetenz verändern, indem ihnen ein Verständnis für die Bedürfnisse und Probleme der Beschäftigten vermittelt wird. So kann dieses Hemmnis bei der erfolgreichen Umsetzung der Maßnahmen beseitigt werden und damit ein Nutzen durch Work-Life-Balance-Maßnahmen erzeugt werden.

Führungsbeurteilung

Führungsbeurteilung ist ebenfalls wichtig für eine effektive und erfolgreiche Umsetzung der Maßnahmen. Denn die Führungskräfte tragen entscheidend zur Umsetzung der Maßnahmen bei. Ihr Verhalten reflektiert quasi die Unternehmenskultur.[114] Und Abweichungen im Verhalten der Führungskräfte von der Unternehmenskultur können durch die Beschäftigten erkannt und in der Beurteilung eingebracht werden. Dadurch wird es möglich, die Unternehmensphilosophie und die Unternehmensleitlinien stringent und erfolgreich durchzusetzen. Die Beschäftigten können durch eine Führungsbeurteilung ihre Kritik und Verbesserungsvorschläge den Führungskräften gegenüber äußern, wenn sie merken, in ihrer Kritik ernst genommen zu werden, sind erhöhte Motivation und Zufriedenheit zu erwarten. Es können Missverständnisse zwischen den Beschäftigten und ihren Vorgesetzten ausgeräumt werden, was sich erwartungsgemäß positiv auf das Klima im Unternehmen auswirkt und die Produktivität und die Arbeitsergebnisse verbessern kann.

Führungskräfteseminar

Eine verbesserte soziale Kompetenz der Führungskräfte verbessert das Klima im Unternehmen und die Zufriedenheit der Beschäftigten. Die Beschäftigten merken und honorieren es, wenn ihre Vorgesetzten auf dem neusten Stand des Wissens sind. Und die Unternehmen können aktuelle Informationen einträglicher einsetzen.[115]

Erfolgsabhängige Vergütung

Der Vorteil einer erfolgsabhängigen Vergütung ist eine strebsamere Umsetzung der vereinbarten Leitlinien und Maßnahmen durch finanzielle Anreize. Produktivitätssteigerungen und verbesserte Unternehmensergebnisse können als Folge erwartet werden.

---

[113] Vgl. HOCHSCHILD, 2002: S. 33
[114] Vgl. BECKER, 2003a: S. 28
[115] Vgl. BERUFUNDFAMILIE, 2006

Personalentwicklung

Vorteile aus der Personalentwicklung entstehen für das Unternehmen dadurch, dass dem Fach- und Führungskräftemangel vorgebeugt wird. Die Potenziale und Qualifikationen der Beschäftigten werden entwickelt und erweitert, was dem Unternehmen zugute kommt, z. B. in Form von erhöhter Effizienz, Produktivität und Qualität der Arbeit.
Weiter verändern sich die Bedingungen des Privatlebens der Beschäftigten und wenn diese Veränderungen und insgesamt die Work-Life-Balance der Beschäftigten bei der Personalentwicklung also auch bei der Einstellung und Karriereplanung berücksichtigt werden, dann kann qualifiziertes Personal und damit „zukunftsichernde Kompetenzen" rekrutiert, entwickelt und gehalten werden.[116]

Mitarbeitergespräch

Durch Mitarbeitergespräche können Kosten bei der Umsetzung von Work-Life-Balance-Maßnahmen gespart werden, denn genau passende Maßnahmen und Maßnahmenpakete sind schlussendlich kostengünstiger, weil der Eintritt der erhofften Nutzenwirkung wahrscheinlicher wird und unnützer Aufwand gespart wird. Und genau diese passenden Maßnahmen können in Mitarbeitergesprächen mit den Beschäftigten ermittelt werden.[117] Das Unternehmen bekommt durch Mitarbeitergespräche einen besseren Kontakt zu den Beschäftigten und Informationen über ihre konkreten Bedürfnisse. Weiter erhält das Unternehmen über Mitarbeitergespräche die Einschätzung der Beschäftigten in Bezug auf die Wirksamkeit bestimmter Maßnahmen.

Dies bietet dann eine Grundlage für Verbesserungen. Denn Work-Life-Balance-Maßnahmen nützen den Unternehmen nur, wenn die Maßnahmen mit den Bedürfnissen der Beschäftigten übereinstimmen und zwar weil der Nutzen für das

[116] Vgl. BECKER, 2003a: S. 28
[117] Vgl. BERUFUNDFAMILIE, 2006

Unternehmen gerade aus der besseren Vereinbarkeit von Beruf und Privatleben der Beschäftigten und den daraus resultierenden Auswirkungen wie Erhöhungen von Zufriedenheit und Motivation, einer stärkeren Bindung ans Unternehmen, der Bereitschaft dem Unternehmen entgegenzukommen und eventuell Überstunden zu übernehmen etc. resultieren.

Rückkehrgespräche

Durch die Rückkehrgespräche werden langfristige Personaleinsatzplanungen möglich und es kann auf dieser Grundlage über den Personalbedarf entschieden werden.[118]

Abstimmung bei Fortbildungsmaßnahmen

Diese Maßnahme schafft Aufklärung über die Wünsche der Beschäftigten im Hinblick auf die Fortbildungen. Dies garantiert den Erfolg von Fortbildungsmaßnahmen. Es werden Kosten für Fortbildungen gespart, die den Bedürfnissen der Beschäftigten nicht entsprechen und dann auch nicht effektiv sind, weil die Beschäftigten „nicht bei der Sache sind". Im Gegenteil, die Fortbildungen würden sogar durch Störung der Balance von Arbeit und Leben kontraproduktiv wirken.

Kontakthaltemöglichkeiten

Durch ständigen Kontakt mit dem betreffenden Beschäftigten, kann dieser in betriebliche Umgestaltungen einbezogen werden und über Neuigkeiten informiert werden, dies erleichtert den Wiedereinstieg und verringert die damit zusammenhängenden Kosten.

---

[118] Vgl. BERUFUNDFAMILIE, 2006

Maßnahmen zur Wiedereingliederung nach der Freistellung

Durch Maßnahmen zur Wiedereingliederung nach der Freistellung kann der Wiedereinstieg vereinfacht und verkürzt. Kosten für anfängliche Minderleistung werden minimiert. Maßnahmen zur Wiedereingliederung können sogar während der Elternzeit eingesetzt werden, um den Wiedereinstieg zu erleichtern.[119]

Private Verpflichtungen kein Hinderungsgrund für Neueinstellungen und Beförderungen

Der Vorteil dieser Maßnahme für Unternehmen liegt darin, dass Qualifikationen und Kompetenzen von potenziellen Beschäftigten genutzt werden können, die sonst oft aus Gründen wie privaten Verpflichtungen nicht eingestellt werden, wie z. B. qualifizierte Frauen mit Kindern.

Wenn in der und durch die Unternehmenskultur eine vielfältige und dynamische Mitarbeiterstruktur ermöglichen wird, in der eine Diversität hinsichtlich Geschlecht, Nationalität, Alter und Familienstatus hergestellt wird und Beschäftigten mit privaten Verpflichtungen die selben Karrieremöglichkeiten im Unternehmen offen stehen wie Beschäftigten ohne diese Verpflichtungen, dann hat das den Nutzen, dass sich durch diese „Diversity“ „mehr Kunden angesprochen [fühlen], was den Konzern im Umkehrschluss für Kunden interessanter und attraktiver macht“.[120]
Dazu kommt, dass sich gerade Beschäftigte mit familiären Verpflichtungen, „denen eine gute Chance für eine qualifizierte Erwerbstätigkeit eingeräumt wird, nach Erfahrung von vielen Betrieben durch besondere Einsatzbereitschaft“ auszeichnen und dem Unternehmen „lange verbunden“ bleiben.[121]

---

[119] Weiterbildungsmaßnahmen während der Elternzeit werden von 5,9 % der Unternehmen in Deutschland angeboten (Vgl. Flüter-Hoffmann & Solbrig, 2003: S. 41)
[120] Licci, 2004: S. 93
[121] Bundesministerium für Familie, Senioren, Frauen und Jugend, ohne Jahr: S. 30

Personalentwicklungsplan

Der Nutzen eines Personalentwicklungsplans für Unternehmen liegt darin, dass der Personalbedarf planbarer wird. Durch längerfristige Planung verstärkt sich die Mitarbeiterbindung und das Know-how wird langfristig gebunden, was gerade bei sehr spezifischem betrieblichen Wissen entscheidend für den Unternehmenserfolg ist.[122]

Weiterbildung für Teilzeitbeschäftigte

Unternehmer sehen oft wenige Gründe Teilzeitkräfte weiterzubilden, da die Zeit für die Weiterbildung in Bezug auf die Arbeitszeit der Teilzeitbeschäftigten relativ hoch ist.[123] Die Weiterbildung von Teilzeitbeschäftigten bringt für Unternehmen allerdings einen Nutzen, da zwar die Arbeitszeit von Teilzeitbeschäftigten im Vergleich zu Vollzeiterwerbstätigen reduziert ist, nicht aber die Qualität ihrer Arbeit. Eine Entwicklung des „Humankapitals", also eine Erhöhung der Qualifikation, bedeutet auch hier eine Verbesserung der Qualität der Arbeit.

5.1.3.3. Nutzen der unterstützenden Work-Life-Balance-Maßnahmen

Kinderbonusgeld/Kinderbonuszeit, Essenskostenzuschuss, Darlehn, Anrechnung von Erziehungszeiten, Geburtsbeihilfe/Hinterbliebenenrente

Durch diese Maßnahmen kann ein enormer Nutzen an Imageverbesserung des Unternehmens in der breiten Öffentlichkeit generiert werden, da diese Hilfestellungen eine große Außenwirkung haben und dem Unternehmen ein Image zuschreiben, das Verantwortung für die Beschäftigten und ihre Familien ausstrahlt. Zudem verbessert sich die Personalbeschaffung, da ein beschäftigtenfreundliches Unternehmen für die potenziellen Beschäftigten ein attraktiver Arbeitgeber ist. Daher kann bei der Rekrutierung von Personal aus einem größeren Mitarbei-

[122] Vgl. BERUFUNDFAMILIE, 2006
[123] Vgl. EVANS, 2001: S. 27

terpool ausgewählt werden. Und aktuell Beschäftigte werden verstärkt an das Unternehmen gebunden.[124]

Haushaltsservice

Wenn den Beschäftigten alltägliche Arbeiten abgenommen werden, können sie sich ganz auf ihre Arbeit konzentrieren, ihre Motivation und Konzentration erhöht sich. Durch die Imageverbesserung ist eine bessere Personalrekrutierung und Personalbindung möglich. Und möglicherweise ist dazu noch mit einer verstärkten Bereitschaft der Beschäftigten zu Mehrarbeit, ungünstig liegenden Arbeitszeiten etc. zu rechnen.

Kinderbetreuung

Es stehen verschiedene Möglichkeiten zur Gewährleistung der Betreuung zur Verfügung wie eine betriebseigene Kinderbetreuungseinrichtung, eine Betreuungseinrichtung in Kooperation mit freien oder kommunalen Trägern und das Einkaufen von Belegplätzen. Diese Maßnahmen ermöglichen ein stressfreieres Arbeiten der Beschäftigten, weil diese davon ausgehen können, dass ihre Kinder gut betreut werden und weil die Öffnungszeiten der Betreuungseinrichtung und die Arbeitszeiten der Beschäftigten so koordiniert werden können, dass es keine zeitlichen Abstimmungsprobleme gibt. Eine Entlastung vom Alltagsstress verbessert den Arbeitsablauf und kann ein ausgewogenes Betriebsklima ermöglichen. Der Vorteil für Unternehmen durch die Entlastung der Beschäftigten liegt nun auch darin, dass die Beschäftigten sich voll auf ihre Arbeit konzentrieren können und stressfreier arbeiten, dadurch leistungsfähiger sind, weniger Fehlzeiten aufweisen und einen früherer Wiedereinstieg nach der Pause finden, da eben die Möglichkeit der Kinderbetreuung besteht.

---

[124] Vgl. BERUFUNDFAMILIE, 2006

Durch die positive Imagewirkung bekommen die Unternehmen eine hohe Anziehung als attraktiver Arbeitgeber für qualifizierte Beschäftigte. Bei der betriebseigenen Kinderbetreuungseinrichtung ist diese Anziehung am stärksten zu erwarten. Beschäftigte werden so stärker an das Unternehmen gebunden und für potenzielle Beschäftigte wird ein starker Anreiz geboten. Insgesamt lässt sich ein immaterieller betriebswirtschaftlicher Nutzen durch die Übernahmen von lokaler Verantwortung und die Verbesserung des Firmenimage verzeichnen.[125] Weitere Vorteile bestehen darin, dass die Unternehmen durch das Angebot von Betreuung auf qualifizierte Arbeitskräfte zugreifen können, die sonst nicht erwerbstätig wären, besonders qualifizierte Frauen, die immer noch überwiegend die Betreuungs-, Erziehungs-, und Familienarbeit übernehmen, aber auch Eltern im Allgemeinen. Somit können die Unternehmen von ihrer Qualifikation und ihrem Know-how profitieren. Ein potenzieller Arbeitskräftemangel kann so etwa durch einen steigenden Anteil von Frauen an den Erwerbstätigen aufgefangen werden. Außerdem kann mit diesen Maßnahmen verhindert werden, das Beschäftigte aus Gründen wie einem Betreuungsmangel, der also nichts mit ihrer Qualifikation zu tun hat, das Unternehmen verlassen und damit ihr personen- und betriebsspezifisches Wissen für das Unternehmen verloren geht. Dies ist besonders relevant für kleine und mittlere Unternehmen, die sehr speziell qualifizierte Beschäftigte beschäftigen. Dadurch entstehen weiter Kosten für die Rekrutierung von neuen Beschäftigten. Weiter können solche Maßnahmen es ermöglichen, dass das Potential von Frauen im Unternehmen besser genutzt werden kann. In einer Studie des DEUTSCHEN INSTITUTS FÜR WIRTSCHAFTSFORSCHUNG nehmen die Autoren an, dass mehr Ganztagsbetreuungsplätze für Kinder zu höheren Erwerbswünschen von Frauen und damit auch einer höheren Erwerbstätigkeit von Frauen in den alten Bundesländern führen würden, da 2002 in Westdeutschland nur 28 % der Mütter „freiwillig" nicht erwerbstätig waren.[126] EICHHORST UND THODE (2003) konnten in einem internationalen Ver-

[125] Vgl. JANKE, 2004: S.129
[126] Vgl. SPIEß & BÜCHEL, 2002: S. 62

gleich empirisch zeigen, unter anderem unter Zugriff auf andere Studien, dass die Vereinbarkeit von Familie und Beruf eine hohe Erwerbstätigkeit von Frauen (Müttern) erklärt. Von besonderer Bedeutung war dabei das Vorhandensein von öffentlichen oder öffentlich bezuschussten Kinderbetreuungseinrichtungen.[127]

Förderung von Elterninitiativen

Einen zusätzlichen Vorteil bietet den Unternehmen die Förderung von Elterninitiativen, denn das Engagement der Eltern ermöglicht es Unternehmen, einen ungedeckten Betreuungsbedarf auszugleichen, ohne selbst aktiv werden oder dauerhafte Verpflichtungen eingehen zu müssen. Außerdem ist hier ebenso ein Gewinn an Attraktivität in Bezug auf Beschäftigte und potentielle Beschäftigte zu erwarten.[128]

Betreuung der Kinder in Notsituationen und den Ferien

Die Beschäftigten werden von der Betreuungsfindung entlastet und können sich auf die Arbeit konzentrieren, sie werden motivierter und leistungsbereiter, was positive Auswirkungen auf die Bilanz des Unternehmens hat. Imageverbesserungen in der Öffentlichkeit sind zudem zu erwarten. Überdies können Kosten und Aufwand reduziert werden, denn es müsste eine Ersatzkraft gefunden werden, wenn die Arbeitskraft des betreffenden Beschäftigten aufgrund eines Notfalles wegfällt.[129] So kann aufgrund von betrieblichem Erfahrungswissen angenommen werden, dass in jedem dritten Nutzungsfall einer Notfallbetreuung die Arbeit ohne eine Betreuung vollständig ausgefallen wäre, damit entspricht jede dritte Betreuungsstunde einer gewonnenen Arbeitsstunde.[130] Darüber hinaus kann erwartet werden, dass Eltern mit dem Wissen von der Möglichkeit der Not-

[127] Vgl. EICHHORST & THODE, 2003: S. 47
[128] Vgl. BERUFUNDFAMILIE, 2006
[129] Vgl. BUNDESMINISTERIUM FÜR FAMILIE, SENIOREN, FRAUEN UND JUGEND, ohne Jahr: S. 26
[130] Vgl. BUNDESMINISTERIUM FÜR FAMILIE, SENIOREN, FRAUEN UND JUGEND u. a., 2003a: S. 28

fallbetreuung eher bereit sind wieder eine Erwerbstätigkeit aufzunehmen, da sie sich sicher sein können, immer eine Betreuung für ihr Kind zu haben.

Eltern-Kind-Arbeitszimmer

Ein Nutzen entsteht für das Unternehmen einerseits darin, dass Eltern notfalls unplanmäßig für eine begrenzte Zeit im Unternehmen einspringen können, ohne eine Betreuung für ihr Kind finden zu müssen. Andrerseits ermöglichen Eltern-Kind-Arbeitszimmer, dass Eltern sich in Notfällen und in eingeschränktem Maße selbst um die Kinder kümmern, wenn z. B. die Betreuung ausfällt. Zudem sind hier ebenfalls Imageverbesserungen und Vorteile bei der Personalrekrutierung zu erwarten.[131]

Kurzzeitpflegeplatz

Der Nutzen eines Kurzzeitpflegeplatzes liegt für Unternehmen in der Ermöglichung eines flexiblen, kurzfristigen und zeitintensiven Einsatzes von Arbeitskräften, die sonst mit Pflegeaufgaben betraut sind und durch diese Maßnahme kurzzeitig von ihren Pflegeverpflichtungen entbunden werden. So können z. B. Neueinstellungen und damit kostenintensive Einarbeitungen und Minderleistungen umgangen werden. Zusätzlich ist mit einem verbesserten Image zu rechnen.[132]

Gesundheitsprävention

Besonders durch Gesundheitsprävention, aber auch allgemein durch Work-Life-Balance-Maßnahmen, können Kosten eingespart werden, die andernfalls durch Workaholismus, Burnout und Überlastung entstehen würden. Gemeint sind dabei Kosten durch Ausfall von Beschäftigten, durch Fehlentscheidungen etc.

---

[131] Vgl. BERUFUNDFAMILIE, 2006
[132] Vgl. BERUFUNDFAMILIE, 2006

Die genauere Einschätzung des Nutzens dieser Maßnahmen ist schwierig, weil die Maßnahmen und ihre, bzw. die ihr zurechenbare Wirkung, zeitlich weit auseinander liegen können. Außerdem besteht ein Problem darin, das Gesundheitsverhalten zu unterscheiden, was der Arbeit zuzuzählen ist und was dem Privatleben. Dieses Verhalten ist somit schwer zu trennen. Zusätzlich besteht das Problem, dass der Nutzen dieser Maßnahme oft gerade darin liegt, dass etwas wie die Arbeitsunfähigkeit oder ein Unfall nicht eintreten, was ihre finanzielle Bewertung schwierig macht.[133]

Es kann aber erwartet werden, dass Gesundheitsprogramme, besonders bei älteren Beschäftigten, das Potenzial haben, Fehlzeiten und Krankheitstage zu senken und langfristig die Leistungsfähigkeit zu erhalten. Denn durch diese Maßnahme können soziale und psychische Beeinträchtigungen, wie Zeitdruck, hohe Verantwortung und Unvereinbarkeit von Arbeit und Leben, angegangen werden, die „eine der häufigsten Ursachen mangelhafter Arbeitsleistungen und krankheitsbedingter Abwesenheit von der Arbeit" darstellen.[134]

Zusammenfassend kann konstatiert werden, dass sich die herausgearbeiteten Nutzen der einzelnen Maßnahmen mit den allgemeinen Nutzen von Work-Life-Balance-Maßnahmen und den Nutzen in Form von Einsparpotential decken bzw. letztendlich zu diesen führen.

5.2. Nachteile und Kosten für die Unternehmen

Den Unternehmen können direkte Kosten für die Work-Life-Balance-Maßnahmen entstehen wie durch Planung, Entwicklung und Umsetzung der Maßnahmen. Diese Kosten können in Form von finanziell aufzuwendenden Mitteln, Personalkosten, Aufwand für das Personalwesen etc. anfallen. Man könnte die Kosten als Investitions-, Betriebs- und Folgekostenkosten fassen. HOSE-

[133] Vgl. KÖPER, 2004: S. 398f.

MANN et al. (1992) unterscheiden diese Art von Kosten folgendermaßen: Entwicklungskosten für Maßnahmen, Sach- und Personalkosten, Aufwand für die Begleitung durch das Personalwesen, Betriebskosten, Kosten für Managementtraining und Qualifizierung der Führungskräfte, Einschränkung von Flexibilität in Teilbereichen, Einschränkung des verfügbaren Arbeitszeitvolumens, Möglichkeiten des Missbrauchs von Maßnahmen.[135]

Es können jedoch ebenfalls indirekte Kosten entstehen. Wie etwa durch Produktivitätsverluste durch die Unterbrechung einer Beschäftigung, Kosten für eine zwischenzeitliche Besetzung, Kosten für Kontrolle und Verwaltung. Ferner kann bei Beschäftigten, die nicht an den Maßnahmen teilnehmen, die Arbeitsmoral sinken.[136] Demotivation, Unzufriedenheit, verschlechterte Arbeitsleistungen, verschlechtertes Betriebsklima etc. könnten die Folge sein.

5.2.1. Kosten der primären Work-Life-Balance-Maßnahmen

Arbeitszeitflexibilisierungen und Teilzeitarbeit

Für diese Maßnahmen entsteht Aufwand in Form von erhöhtem organisatorischem Aufwand und Kosten im Unternehmen bei Vorgesetzten und der Personalabteilung für die Entwicklung, Abstimmung und Regelung von individuellen Arbeitszeitmodellen. Dieser organisatorische Aufwand ist aber generell bei allen Maßnahmen vorhanden und fällt eher nicht so sehr ins Gewicht. Eventuell können Einzelgespräche geführt werden, etwa unter Einbezug des Betriebsrates, was zusätzlichen personalen Aufwand und Ausfall von Arbeitszeit bedeuten würde.

In den von der PROGNOS AG untersuchten Unternehmen mussten für ein eingeführtes individuelles Teilzeitmodell durchschnittlich 2 Personentage bzw. ca.

---

[134] BADURA & VETTER, 2004: S. 8
[135] Vgl. HOSEMANN et al., 1992: S. 41
[136] Vgl. DEX & SCHEIBL, 1999: S. 24; EVANS, 2001: S. 25; OECD, 2001: S. 148

600 EUR für Personal aufgewendet werden. Setzt man diese Kosten mit der Zahl der Wiedereinstiege in Beziehung, so zeigt sich, dass dieser Aufwand gering ist. Denn bei Modellrechnungen wird für ein Unternehmen mit 1500 Beschäftigten bei einer Frauenquote von 45 % mit einer jährlichen Wiedereinstiegszahl von 16 Beschäftigten gerechnet. Dabei sind die Kosten, die aufgrund der Teilzeitarbeit nötig werdenden Neueinstellungen entstehen, in den Berechnungen der Einsparpotenziale enthalten.[137]

Problematisch vor allem an der Teilzeitarbeit ist gerade bei kleineren Unternehmen, dass oft eine bestimmte Teilzeitquote nicht überschritten werden kann, da zu wenig Beschäftigte angestellt sind und sonst die gesamte Arbeitszeit aller Beschäftigten zu gering wäre, um die zu leistende Arbeit zu bewältigen. Schwierig wird es dazu, wenn eine bestimmte Qualifikation einer ganz bestimmten Person ständig benötigt wird, dann sind hier der Flexibilisierung von Arbeitszeit oder der Teilzeitarbeit deutliche Grenzen gesetzt.

Abgestufte Teilzeit nach Erziehungsfreistellung, Lebensphasenorientierte Arbeitszeit, Altersteilzeit

Bei diesen Maßnahmen besteht der Aufwand für das Unternehmen darin, dass langfristige Personalplanungen und Personaleinsatzplanungen nötig werden, wobei auf die private Situation der Beschäftigten Rücksicht genommen werden muss und so Flexibilität für das Unternehmen eingeschränkt wird. Eventuell werden Neueinstellungen nötig und Überbrückungskosten entstehen.

Teilzeit während der Elternzeit

Der einzige Nachtteil der Teilzeit während der Elternzeit besteht darin, dass das Unternehmen sich nach privaten Bedürfnissen und Anforderungen richten muss. Ansonsten werden Kosten für Personalrekrutierungen gespart.

[137] Vgl. BUNDESMINISTERIUM FÜR FAMILIE, SENIOREN, FRAUEN UND JUGEND u. a., 2003a: S. 20, 24, 25

Jahresarbeitszeit und Gleitzeit

Für diese Maßnahmen fällt bei ihrer Einführung ein höherer Personalaufwand an, vor allem zur Kontrolle von Zeit und Leistung. Dieser Aufwand verringert sich, wenn Arbeitszeiterfassungssysteme eingesetzt werden, für deren Einführung und Betrieb nur relativ geringe Kosten und Aufwand an Personal anfallen.[138]

Job-Sharing

Für das Job-Sharing entsteht zusätzlicher Aufwand für das Personalwesen, etwa in Form von Planungsaufwand für und durch die Teilung der Stellen. Darüber hinaus muss darauf geachtet werden, dass die Abläufe im Unternehmen nicht durch Uneinigkeiten der Beschäftigten bezüglich des Arbeitsplanes tangiert werden.

Es ist somit höherer Koordinationsaufwand zu erwarten, allerdings entsteht dadurch nicht zwangsläufig ein höherer Personalaufwand für das Unternehmen, da die Arbeitszeiten von den Beschäftigten selbst aufgeteilt werden sollen. Das Unternehmen muss nur in Notfällen eingreifen, wenn keine Einigung der Beschäftigten erreicht werden kann. Ferner können geringe finanzielle Kosten für eine eventuelle Vergrößerung des Mitarbeiterpools auftreten, wenn etwa „zusätzliche Rahmenbedingungen im Unternehmen geändert werden müssen."[139] Gleichzeitig vergrößert sich aber auch der Pool an Know-How.

Freie Regelung der Pausen

Für diese Maßnahme ist kein höherer personal- oder finanzieller Aufwand zu erwarten.

---

[138] Vgl. BERUFUNDFAMILIE, 2006
[139] BERUFUNDFAMILIE, 2006

Sabbatical

Kosten des Sabbaticals für Unternehmen entstehen vor allem dadurch, dass die wegfallenden Arbeitskräfte ersetzt werden und möglicherweise eine neue Arbeitskraft eingestellt werden muss. Wenn die Arbeitszeit vor der genommenen Auszeit schon vorgearbeitet wurde, kann dies oft entfallen. Möglicherweise entsteht Koordinationsaufwand und personeller Aufwand, wenn mehrere Beschäftigte diese Maßnahmen vielleicht sogar zugleich in Anspruch nehmen wollen. Dabei ist ebenfalls die Länge des Sabbaticals und die Planungszeit ausschlaggebend.[140] Des Weiteren ist ein möglicher Verlust an Qualifikation durch die Veraltung des Wissens während dieser Zeit zu befürchten. Problematisch für die Unternehmen kann weiter die Gewährleistung eines Anspruchs der Beschäftigten auf einen gleichwertigen Arbeitsplatz nach Beendigung der Maßnahme sein.

Erziehungs- und Sonderurlaub

Aufgrund dieser Maßnahmen können Kosten durch Ausfälle der betreffenden Beschäftigten entstehen und zwar gerade für kleinere Unternehmen, wenn die Arbeitskraft nicht ersetzt werden kann und wenn Beschäftigte mit sehr speziellen und schwer zu ersetzenden Kompetenzen ausfallen. Zudem kann zu höherem Personalaufwand kommen, um den Personaleinsatz zu planen. Möglicherweise kann es ferner zu einer sinkenden Arbeitsmoral bei den Beschäftigten kommen, die nicht von dieser Maßnahme profitieren.

Arbeit mit nach Hause nehmen

Bei dieser Maßnahme können Kosten durch falsch verstandene Arbeitsanweisungen entstehen, die nicht schnell genug korrigiert werden können. Die benötigte Zeit für die Arbeit kann sich dadurch verlängern, wodurch es zu Produktivitätsverlusten und zu Problemen mit festen Terminen kommen kann. Abgese-

[140] Vgl. BERUFUNDFAMILIE, 2006

hen von sehr geringem Personalaufwand für Absprachen zwischen Vorgesetzten und Beschäftigten für Arbeiten, die Zuhause erledigt werden können, entstehen sonst keine weiteren Kosten.[141]

Teleheimarbeit und alternierende Telearbeit

Bei der Teleheimarbeit sind Entwicklungs- und Sach- und Betriebskosten für die Teleheimarbeitsplätze zu veranschlagen. Außerdem entsteht Personalaufwand, weil die Arbeit mit den Vorgesetzten abgestimmt werden muss. Bei Teleheimarbeit und alternierender Telearbeit müssen neue Formen der Führung und der Kontrolle eingerichtet werden, da die direkte Kontrolle wegfällt. Es entsteht Personalaufwand bei der Anpassung der Arbeit an die Telearbeitsplätze. Eventuell werden EDV-Weiterbildungen und ein technischer Service nötig, der Beschäftigten bei Problemen hilft.

Nach Angaben der PROGNOS AG sind die Kosten für einen Telearbeitsplatz abhängig von seiner Ausstattung, der Ausstattung des häuslichen Arbeitsplatzes, der Entfernung zum Unternehmen und der Organisation von Service und Wartung. Die Kosten liegen bei einer Berechnung über drei Jahre bei 5000 bis 7000 EUR jährlich. Davon sind noch bei Teleheimarbeit die Kosten für eventuell eingesparte Büros und bei alternierender Telearbeit die Einsparungen aufgrund von geteilten Arbeitsplätzen abzuziehen.[142]

Satellitenbüro

Bei Satellitenbüros sind geringere Kosten als bei herkömmlichen Büros zu veranschlagen, da sie dezentral in Gebieten mit geringeren Kosten für Immobilien liegen.

[141] Vgl. BERUFUNDFAMILIE, 2006
[142] Vgl. BUNDESMINISTERIUM FÜR FAMILIE, SENIOREN, FRAUEN UND JUGEND u. a., 2003a: S. 26

Teamarbeit

Bei Teamarbeit sind keine nennenswerten Kosten und kein größerer Personalaufwand zu erwarten.

Überprüfen von Arbeitsabläufen

Die Maßnahme verursacht keinen größeren Personalaufwand, da Arbeitsabläufe oft regelmäßig überprüft werden und die Einbeziehung der Vereinbarkeit von Arbeit und Leben nur geringen zusätzlichen zeitlichen Aufwand verursacht.[143]

5.2.2. Kosten der sekundären Work-Life-Balance-Maßnahmen

Informations- und Kommunikationspolitik

Es entstehen Kosten für die Informierung, Beratung, Kontakthalteangebote und für Wiedereingliederungen. Diese Kosten fallen als Personalkosten oder für externe Dienstleister an und sind abhängig vom Aufwand der betrieben wird, von der Anzahl der Eltern, die diese Maßnahmen in Anspruch nehmen und der Zeit, die dafür jeweils verwendet wird. In den von der PROGNOS-Studie untersuchten Unternehmen lag die Anzahl der Beschäftigten in Elternzeit bei durchschnittlich ca. 40 und die Anzahl der Eltern mit Betreuungsaufgaben[144] bei ca. 100 Personen. Für diese Werte müssen Kosten von 60.000 EUR für eine externe Beratung veranschlagt werden oder eine Vollzeitkraft bereitgestellt werden.[145]

Bei den einzelnen Medien, die der Informations- und Kommunikationspolitik zur Verfügung stehen, gestalten sich die Kosten folgendermaßen: Für einzelfallspezifische Information ist ein etwas höherer Personalaufwand zu erwarten, so sollten bei Einzelgesprächen etwa 2 Stunden eingeplant werden. Die Informationsverbreitung über ein schwarzes Brett ist nur mit geringem Aufwand verbun-

[143] Vgl. BERUFUNDFAMILIE, 2006

[144] Definiert als Beschäftigte, die Kinder unter 8 Jahren betreuen und Elternzeit/Erziehungsurlaub haben oder hatten.

den, beim Intranet liegen die Sach- und Betriebskosten bei etwa 2000 EUR.[146] Für die Information in Freistellungszeiten und für Betriebsfeste/Betriebsausflüge ist in Hinsicht auf die Informierung über die Work-Life-Balance-Thematik kein nennenswerter Aufwand an Zeit und Personal und keine zusätzlichen finanziellen Kosten zu erwarten.[147]

Bei Betriebsversammlungen treten Kosten durch Arbeitszeitausfall auf, da während der Versammlung nicht gearbeitet wird. Für bestimmte Beauftragte, wie Gleichstellungsbeauftragte, entstehen Kosten für die Freistellung der Beschäftigten von der Arbeit oder es fallen Kosten für das Büro, die Einstellung und das Gehalt einer entsprechenden Kraft an, die dieses Amt übernimmt.

Unternehmensphilosophie, Sozialkompetenzentwicklung, Führungsbeurteilung und erfolgsabhängige Vergütungsanteile

Für die Planung und Entwicklung der Unternehmensphilosophie und der Unternehmensleitsätze entsteht nur personeller und zeitlicher Aufwand. Für die Entwicklung der Sozialkompetenz und Führungskräfteseminare entsteht bei betriebsinterner Förderung dieser Kompetenz ebenfalls personeller und zeitlicher Aufwand, ansonsten fallen Kosten zwischen 300 und 2.000 EUR pro Person für entsprechende außerbetriebliche Seminare an. Auch Kosten durch Verlust an Arbeitszeit sind zu berücksichtigen.

Für die Führungsbeurteilung fällt ein relativ hoher Aufwand von Zeit an, die zur Datenauswertung nötig ist; es sei denn die Befragung wird durch externe Berater durchgeführt, dann entsteht finanzieller Aufwand. Und bei erfolgsabhängigen Vergütungsbestandteilen sind die Kosten abhängig von der Höhe der vereinbar-

---

[145] Vgl. BUNDESMINISTERIUM FÜR FAMILIE, SENIOREN, FRAUEN UND JUGEND u. a., 2003a: S. 23
[146] Vgl. BERUFUNDFAMILIE, 2006
[147] Vgl. BERUFUNDFAMILIE, 2006

ten Vergütung. Beispielsweise 125 EUR pro Monat und höchstens 1000 EUR im Jahr.[148]

Personalentwicklung

Für Rückkehrgespräche und den Personalentwicklungsplan sind keine finanziellen Kosten zu veranschlagen, es entsteht nur sehr geringer Zeit- und Personalaufwand von Personalverantwortlichen oder Vorgesetzten. Mitarbeitergespräche dagegen verursachen einen relativ hohen Personal- und Zeitaufwand, während für die Abstimmung bei Fortbildungsmaßnahmen keine Kosten zu erwarten sind. Ähnlich wie bei der Maßnahme, dass private Verpflichtungen kein Hinderungsgrund für Neueinstellungen und Beförderungen sind. Hier sind auch keine Kosten und kein größerer Zeitaufwand für die Umsetzung zu erwarten.

Allerdings kann es eine Herausforderung sein, wenn das Unternehmen oft Rücksicht auf private Verpflichtungen der Beschäftigten nehmen muss und dadurch Einschränkungen hinsichtlich der Flexibilität beim Personaleinsatz hat. Daher benötigt das Unternehmen eine sehr effektive Personalplanung. Für Kontakthaltemöglichkeiten bei Abwesenheit der Beschäftigten entsteht nur leichter zeitlicher Aufwand, die finanziellen Kosten sind zu vernachlässigen. Für Maßnahmen zur Wiedereingliederung nach der Freistellung und Weiterbildungsmaßnahmen für Teilzeitbeschäftigte entstehen die üblichen Kosten für eventuelle Seminare und Weiterbildungen.[149]

5.2.3. Kosten der unterstützenden Work-Life-Balance-Maßnahmen

Unterstützung durch Sach- und Geldleistungen

Bei unterstützenden Maßnahmen sind die Kosten sehr unterschiedlich. Die Kosten für Kinderbonusgeld, Kinderbonuszeit und einen Essenskostenzuschuss sind

[148] Vgl. BERUFUNDFAMILIE, 2006
[149] Vgl. BERUFUNDFAMILIE, 2006

abhängig von den Unterstützungen, die gewährt werden, ähnlich bei der Geburtsbeihilfe, ca. 250 EUR sind angemessen. Beim Haushaltsservice sind die Kosten abhängig von dem konkreten Angebot der externen Dienstleister. Ansonsten entsteht Personalaufwand für dafür eingestellte Arbeitskräfte. Diese Kosten können als Betriebsausgaben steuerlich gemindert werden. Bei gewährten Darlehn beschränken sich die Kosten auf entgangene Zinsgewinne und bei der Hinterbliebenenrente können die finanziellen Kosten sehr verschieden sein.[150]

Anrechnung von Erziehungszeiten

Die Kosten für die Anrechnung von Erziehungszeiten sind abhängig von der Höhe der Anwartschaft und der Dauer der Freistellung. Es entstehen Kosten für den Verlust von effektiver Arbeitszeit und Kosten für Zahlungen des Rentenanspruchs,[151] „auch der an sich zu mindernde Rentenanspruch muss in voller Höhe über den gesamten Bezugszeitraum gezahlt werden". Bei einer Lebenserwartung von weiteren 19 Jahren eines 60 Jahre alten Mannes und von 23 Jahren einer 60 jährigen Frau entstehen bei 38 Euro mehr Rente pro Monat „zusätzliche Kosten in Höhe von insgesamt 10.600 EUR bei Frauen und 8.750 EUR bei Männern".[152]

Betriebseigene Kinderbetreuungseinrichtung

Die Kosten von betriebseigenen Kinderbetreuungseinrichtungen werden unterschiedlich geschätzt. Nach der BERUFUNDFAMILIE (2006) sind Kosten zu veranschlagen, wie einmalige Investitionskosten in Höhe von 4000 bis 15.000 EUR, abhängig von der Größe der Einrichtung und der Existenz von Räumlichkeiten. Weiter werden pro Monat und Platz laufende Betriebskosten von ca. 650 EUR angesetzt. Zusätzlich muss höherer Zeitaufwand für Planung und Durchführung,

[150] Vgl. BERUFUNDFAMILIE, 2006
[151] Vgl. BERUFUNDFAMILIE, 2006
[152] DEUTSCHER INDUSTRIE UND HANDELSKAMMERTAG u. a., 2004: S. 26

die Abschätzung des Bedarfs, das Finden geeigneter Räume, Rekrutierung von Personal etc. kalkuliert werden. Die Kosten können als Betriebsausgaben steuerlich abgesetzt werden.[153] An anderer Stelle werden einmalige Investitionskosten von bis zu 25.000 EUR und monatlichen Kosten von 650 EUR pro Betreuungsplatz angegeben.[154]

Die PROGNOS AG setzt die Kosten für eine Ganztagsbetreuung in Abhängigkeit vom Alter der Kinder durchschnittlich, jährlich und pro Kind für 3 jährige bis 6 oder 7 jährige bei 7.800 EUR an. Bei altersgemischte Gruppen werden 10.100 EUR kalkuliert. Für die Betreuung von Kindern bis 3 Jahren treten Kosten von 15.600 EUR auf.[155]

Die betriebliche Kinderbetreuung ist damit wohl eine der teuersten Maßnahmen, allerdings sind von diesen Kosten noch Zuschüsse von Ländern und Kommunen abzuziehen. Denn betriebliche Kinderbetreuung wird von diversen Bundesländern, Kommunen und Regionen finanziell unterstützt, außerdem sind die Kosten steuerlich absetzbar.[156] Die PROGNOS AG gibt eine Kostendeckung durch Land, Kommunen und Elternbeiträge von 40 % an. Die Unternehmen müssten damit nur noch 60 % der Kosten übernehmen.[157]

Kindertageseinrichtung in Kooperation

Kooperationen senken die relativ hohe Investitions- und Betriebskosten von betrieblichen Kinderbetreuungseinrichtungen. Eine Kinderbetreuungseinrichtung in Kooperation mit einem Träger fordert Investitionen in Höhe von etwa 4000 bis 15.000 EUR und laufende Kosten von 650 EUR pro Platz und Monat. Die Kosten sinken auf 150 bis 400 EUR, wenn die Betriebskosten auf mehrere Un-

---

[153] Vgl. BERUFUNDFAMILIE, 2006
[154] Vgl. BECKER, 2003b: S. 32ff.
[155] Vgl. BUNDESMINISTERIUM FÜR FAMILIE, SENIOREN, FRAUEN UND JUGEND u. a., 2003a: S. 27
[156] Vgl. BUNDESMINISTERIUM FÜR FAMILIE, SENIOREN, FRAUEN UND JUGEND, 2004b: S. 12
[157] Vgl. BUNDESMINISTERIUM FÜR FAMILIE, SENIOREN, FRAUEN UND JUGEND u. a., 2003a: S. 28

ternehmen verteilt werden und: „Die Ausgaben gelten als Betriebsausgaben, und die Gewinnminderung führt zur Steuerminderung“.[158]

Reservierung von Belegplätzen, Förderung von Elterninitiativen

Ein Vorteil für Unternehmen besteht bei diesen Maßnahmen darin, dass das Unternehmen sich nicht selbst um die Betreuung kümmern muss, sondern nur finanziell unterstützend tätig wird, wodurch der Personalaufwand sinkt. Beim Erwerb von Belegplätzen werden Kosten zwischen 2.500 EUR[159] und 3000 EUR[160] jährlich pro Belegplatz angegeben. Die Kosten sind abhängig von der Betreuungszeit und dem Alter des Kindes. Bei jüngeren Kindern ist eine intensivere Betreuung notwendig. Diese Kosten können gleichfalls steuermindernd abgesetzt werden.

Bei der Förderung von Elterninitiativen sind die Kosten abhängig von der durch das Unternehmen gewährten Unterstützung und dem Personalaufwand für Sitzungen des Vereins, wenn das Unternehmen dem tragenden Verein angehört.

Möglich sind ebenso Absprachen mit bestehenden Einrichtungen zur Anpassung der Öffnungszeiten an die Arbeitszeiten der Beschäftigten. Für diese Anpassungen müssen nur ca. 10 EUR pro zusätzlicher Betreuungsstunde und Kind eingeplant werden.[161]

Kinderbetreuung in Notsituationen

Bei einer Inanspruchnahme von externen Dienstleistern zur Notfallbetreuung der Kinder entstehen Kosten von ca. 75 EUR pro 24 Stunden für Notmütter.[162] Für

---

[158] BERUFUNDFAMILIE, 2006
[159] Vgl. BECKER, 2003b: S.32ff.
[160] Vgl. BERUFUNDFAMILIE, 2006
[161] Vgl. BECKER, 2003b: S.32ff.
[162] Vgl. BERUFUNDFAMILIE, 2006

die Vermittlung von Tagesmüttern werden ca. 20 EUR zusätzlich jährlich an Vermittlungsgebühr fällig.[163]

Die Anzahl der Beschäftigten sollte groß genug sein, wenn die Notfallbetreuung innerbetrieblich angeboten wird, da Notfälle eher seltener auftreten. Für kleinere Unternehmen bieten sich daher Kooperationen mit anderen Unternehmen an o-der eben die Vermittlung von Betreuungspersonal.

Ferienangebote

Für Ferienangebote belaufen sich die Kosten für die Einstellung von Betreu-ungskräften und Räumen etc. auf ca. 1200 EUR pro Monat, 370 EUR für Prakti-kantInnen und zusätzlichen Kosten für Räume und Material.[164] Andere Schät-zungen rechnen bei Ferienangeboten mit Kosten von ca. 1.500 EUR monat-lich.[165]

Eltern-Kind-Arbeitszimmer

Eltern-Kind-Arbeitszimmer verursachen Kosten in Form von Personalaufwand und Kosten für die Einrichtung des Raumes, diese betragen ca. 1000 EUR für Computer, ca. 250 EUR für Schreibtisch, 150 EUR für einen Schreibtisch-stuhl.[166] Andere Schätzungen gehen für die Einrichtung von Eltern-Kind-Zimmern von einmalig 1.000 EUR aus.[167]

Kurzzeitpflegeplatz

Bei Kurzzeitpflegeplätzen sind höhere finanzielle Kosten zu erwarten, je nach Einrichtung und Pflegebedürftigkeit.

---

[163] Vgl. BECKER, 2003b: S.32ff.
[164] Vgl. BERUFUNDFAMILIE, 2006
[165] Vgl. BECKER, 2003b: S.32ff.
[166] Vgl. BERUFUNDFAMILIE, 2006
[167] Vgl. BECKER, 2003b: S.32ff.

Gesundheitsfördernde Maßnahmen

Für gesundheitsfördernde Maßnahmen entsteht nur geringer personaler Aufwand und geringe finanzielle Kosten.[168]

Zusammenfassend kann nach der Darstellung der Nutzen und der Kosten konstatiert werden, dass besonders die Kosten, aber auch der Nutzen, abhängen von der genaueren Gestaltung und Durchführung der Maßnahmen, also welche Maßnahmen wie und in welchem Umfang umgesetzt werden. Obwohl nicht alle Kosten als finanzielle Kosten dargestellt werden konnten, so hat sich doch herausgestellt, dass die Einführung und der Einsatz von Work-Life-Balance-Maßnahmen nicht kostenintensiv sein müssen. Die meisten Maßnahmen sind nicht mit hohen finanziellen Kosten verbunden, sondern eher mit betrieblichem Engagement und Personalaufwand.

5.3. Kosten-Nutzen-Kalkulation

In diesem Kapitel soll nun gezeigt werden, dass der Einsatz von Work-Life-Balance-Maßnahmen für Unternehmen bei weitem mehr Nutzen bringt, als Kosten verursacht.
Dafür soll auf die Kosten-Nutzen-Szenarien der PROGNOS-Studie zurückgegriffen werden. Da auch in dieser Studie ein systematischer Vergleich zwischen verschiedenen Untenehmen aufgrund ihrer Unterschiedlichkeit sehr schwer fällt, wurden die Ergebnisse der Kosten und Nutzen quasi abstrahiert. Auf der Basis der ermittelten Kosten und Einsparpotentiale hat die PROGNOS AG eine Modellrechnung für eine hypothetische Familien GmbH erstellt. In dieser werden Kosten und Nutzen familienfreundlicher Maßnahmen kalkuliert.

Auf der Grundlage von Fallstudien wurden Kennzahlen erzeugt, aus denen dann ein fiktives Unternehmen gebildet wurde, die „Familien GmbH“. Diese wurde als mittelgroßes Unternehmen konzipiert, das 1500 Beschäftigte umfasst. Es wird ferner angenommen, dass die Beschäftigten im Unternehmen gehalten werden sollen; sie sollen an das Unternehmen gebunden werden, da das Angebot an überdurchschnittlich qualifizierten Beschäftigten beschränkt ist. Daher sind höhere Kosten für die Personalbeschaffung zu erwarten. Des Weiteren wird angenommen, dass jährlich 20 Beschäftigte in Elternzeit gehen. Von diesen Abwesenden werden 70 % durch Beschäftigte mit befristeten Arbeitsverträgen und 20 % durch solche mit unbefristeten Arbeitsverhältnissen vertreten. Bei 10 % wird durch sonstige Maßnahmen, wie Umverteilung oder Überstunden, darauf reagiert. Die aus der Elternzeit zurückkehrenden Beschäftigten bekommen ihre ursprünglichen Stellen wieder. Von den zur Überbrückung eingestellten Arbeitskräften mit befristeten Verträgen bleiben bis zu 75 % im Unternehmen, sie behalten die besetzte Stelle, wenn der ersetzte Beschäftigte nicht zurückkehrt oder kommen in einen Bewerberpool.[169]

Bei einer Überbrückung mit unbefristeter Einstellung werden Überbrückungskosten von 17.494 EUR je Ersatzkraft angenommen. Bei einer Überbrückung mit befristeter Einstellung sind die Kosten abhängig von dem zu überbrückenden Zeitraum. Für einen Überbrückungszeitraum von 6 Monaten werden Überbrückungskosten von 13.907 EUR je Ersatzkraft angenommen. Diese Kosten steigen bei einem Überbrückungszeitraum von 12 Monaten auf 14.986 EUR und auf 16.064 EUR bei 18 zu überbrückenden Monaten. Bei einem Überbrückungszeitraum von 36 Monaten sind die Überbrückungskosten einer befristeten Einstellung mit 17.494 EUR gleich denen einer unbefristeten Einstellung.[170]

Die Wiedereingliederungskosten sind ebenfalls abhängig von der Länge der Abwesenheit, es wird angenommen, dass diese Kosten nach 6 Monaten bei

---

[168] Vgl. BERUFUNDFAMILIE, 2006
[169] Vgl. BUNDESMINISTERIUM FÜR FAMILIE, SENIOREN, FRAUEN UND JUGEND u. a., 2003a: S. 30
[170] Vgl. BUNDESMINISTERIUM FÜR FAMILIE, SENIOREN, FRAUEN UND JUGEND u. a., 2003a: S. 30

1.200 EUR, nach 12 Monaten bei 2.400 EUR, nach 18 Monaten bei 4.000 und nach 36 Monaten bei 6.000 EUR liegen.[171]

Die getroffenen Annahmen entsprechen etwa den Konstellationen der untersuchten Unternehmen. So lassen sich bei Veränderung der verschiedenen Parameter verschiedene Szenarien durchspielen.[172]

Für dieses hypothetische Unternehmen wurden ein Basisszenario, ein Realszenario und ein Optimalszenario abgebildet.[173] Das Basisszenario zeigt die Familien GmbH ohne familienfreundliche Maßnahmen, es dient quasi als Maßstab für einen Vergleich. Das Realszenario und das Optimalszenario unterscheiden sich nur in der Höhe der durch die Einführung der familienfreundlichen Maßnahmen generierten Einsparungen, die Kosten für die familienfreundlichen Maßnahmen unterscheiden sich nicht. Im Realszenario werden Einsparungen dargestellt, die mit dem Ausmaß der Einsparungen der untersuchten Unternehmen übereinstimmen, auf deren Grundlage die Berechnungen durchgeführt wurden.

Im Optimalszenario dagegen sind die rechnerisch maximal möglichen Einsparungen abgebildet. Das heißt, dass die durchschnittliche Verbleibdauer in Elternzeit von 36 Monaten im Basisszenario auf 25 im Realszenario und sogar 12 im Optimalszenario fällt. Die Fluktuationsquote sinkt von 4,5 % auf 3,5 % und 3,0 % im Optimalszenario. Die Anzahl der durchschnittlich in Elternzeit befindlichen Beschäftigten sinkt von 60 auf 41, und 20 Personen im Optimalszenario. Die Teilzeitquote der Beschäftigten in Elternzeit steigt von 0 %, auf 30 % im Realszenario und 50 % im optimalen Fall. Die Rückkehrquote aus der Elternzeit

---

[171] Vgl. BUNDESMINISTERIUM FÜR FAMILIE, SENIOREN, FRAUEN UND JUGEND u. a., 2003a: S. 30
[172] Zusammenhänge zwischen einzelnen Maßnahmen und konkreten Auswirkungen werden nicht sichtbar, denn es werden keine wechselseitigen Abhängigkeiten oder zeitliche Verzögerungen beachtet. Motivation, Produktivität und die Branche, in der das Unternehmen tätig ist, werden nicht mit einbezogen.
[173] Vgl. BUNDESMINISTERIUM FÜR FAMILIE, SENIOREN, FRAUEN UND JUGEND u. a., 2003a: S. 27

erhöht sich von 20 %, auf 80 %, bzw. 90 %. Die Teilzeitquote der RückkehrerInnen verringert sich von 100 %, auf 50 % und 30 % im Optimalszenario. Und der Kostensenkungseffekt bei der Mitarbeiterakquise durch Attraktivitätsgewinn als Arbeitgeber bewegt sich von 0 % auf –10 % bei Realszenario und –15 % beim Optimalszenario.[174]

Aufgrund der Problematik bestimmte Auswirkungen bestimmten Maßnahmen zuzuschreiben wurde in der PROGNOS-Studie ein familienfreundliches Bündel ausgesucht, dessen Kosten und Nutzen dann untersucht wurden.[175]
Es werden folgende Maßnahmen in der Familien GmbH angeboten:

- Beratungs- und Kontakthalteangebote für Eltern, Eltern, die in Elternzeit gehen und Eltern in Elternzeit,
- flexible Arbeitszeitmodelle,
- Telearbeitsplätze,
- Ganztagsbetreuung im betrieblichen Kindergarten (10 stunden täglich, 48 Wochen im Jahr).[176]

Insgesamt entstehen Kosten für die Maßnahmen von 304.000 EUR. Diese bestehen aus: Kosten der Beratung und Kontakthalteangebote von 81.250 EUR, Abstimmungsaufwand für flexible Arbeitszeitmodelle in Höhe von 10.541 EUR, Aufwand für Telearbeitsplätze bei 5 installierten Plätzen 30.000 EUR. Die betriebliche Kinderbetreuung verursacht bei 30 Plätzen und Kosten je Platz von 10.129 EUR einen ungedeckten Gesamtaufwand von 182.300 EUR.[177]

---

[174] Vgl. BUNDESMINISTERIUM FÜR FAMILIE, SENIOREN, FRAUEN UND JUGEND u. a., 2003a: S. 31
[175] Das Maßnahmenbündel wurde so geschnürt, dass es die Häufigkeit ihrer Verwendung in Unternehmen widerspiegelt und auch die Grundlage für eine Wiederaufnahme der Erwerbstätigkeit von Eltern bildet.
[176] Vgl. BUNDESMINISTERIUM FÜR FAMILIE, SENIOREN, FRAUEN UND JUGEND u. a., 2003a: S. 31
[177] Der Rest wird von Land, Kommunen und Elternbeiträgen finanziert.

Es wird ein maximales Kosteneinsparungspotential von 700.000 EUR angegeben. Das sind im Basisszenario 35.000 EUR je abgehenden Beschäftigten in Elternzeit. Mit dem Basisszenario verglichen, können im Realszenario und im Optimalszenario folgende Einsparungen errechnet werden:

Überbrückungskosten

Die Überbrückungskosten vermindern sich im Realszenario um 13 % und im Optimalszenario um 21 %. Die Verweildauer in Elternzeit kann zwar von 36 Monaten auf 25 und 12 Monate gesenkt werden, trotzdem ist das Einsparungspotenzial nicht so hoch, da die Kosten für die Einstellung von befristeten Überbrückungskräften relativ hoch sind und zwar auch bei kurzen Arbeitszeiträumen der Ersatzkräfte.

Fluktuations- und Wiederbeschaffungskosten

Bei den Fluktuations- und Wiederbeschaffungskosten können höhere Einsparungen generiert werden. Im Realszenario können die Fluktuations- und Wiederbeschaffungskosten um 31 % und im Optimalszenario um 63 % reduziert werden. Dieses Ergebnis kommt zum einen durch die stark gestiegene Rückkehrquote, die von 20 % auf 80 % und 90 % beim Optimalszenario gestiegen ist, und zum anderen aufgrund der gestiegenen Arbeitspensen der Rückkehrer zustande. Ebenfalls positiv wirkt sich eine Arbeitszeitflexibilität aus, die Neueinstellungen unnötig macht, da damit die Teilzeitarbeit der Rückkehrer durch andere Beschäftigte ausgeglichen wird.

Die Wiederbeschaffungskosten gerade für qualifizierte Beschäftigte lassen sich im Optimalszenario weiter jährlich um 185.000 EUR verringern, da die Attraktivität des Unternehmens als Arbeitgeber aufgrund der familienfreundlichen Maßnahmen steigt und diesem nun ausreichend qualifizierte Beschäftigte zur Verfügung stehen.

Wiedereingliederungskosten

Die Wiedereingliederungskosten können im Realszenario um 33 % auf 45.000 EUR und im Optimalszenario um 68 % auf 21.000 EUR gesenkt werden. Diese enormen Einsparungen sind zurückzuführen auf die schnelle Wiederaufnahme der Tätigkeit von Beschäftigten in Elternzeit. Denn wenn die Beschäftigten schon nach 18 Monaten aus der Elternzeit ins Unternehmen zurückkommen, sinken die Kosten der Wiedereingliederung um 30 %. Wenn sie nur 12 Monate in Elternzeit bleiben, sinken die Kosten um 60 % im Vergleich zu den Kosten, die bei einer Wiedereingliederung nach 36 Monaten entstehen würden. Und wenn die Eltern während der Elternzeit in Teilzeitzeit arbeiten, entstehen erst gar keine Wiedereingliederungskosten.

Kosten für Personalrekrutierung

Die Kosten für Personalrekrutierung auf dem Arbeitsmarkt können im Realszenario um rund 128.000 EUR und im Optimalszenario um 145.000 EUR gesenkt werden. Und zwar deshalb, weil durch die hohe Rückkehrquote die Überbrückungskräfte nach der Rückkehr der Beschäftigten, die in Elternzeit gegangen sind, in einen Bewerberpool kommen und auf die von dort aus dann leicht bei Bedarf zugegriffen werden kann.

In der Familien GmbH können die Gesamtkosten einer ungenügenden Vereinbarkeit von Beruf und Familie um 55 % oder 379.000 EUR im Realszenario und um 78 % oder 540.000 EUR im Optimalszenario verringert werden. Das wären pro in Elternzeit abgehenden Beschäftigten 19.000 Euro bzw. 27.000 EUR Einsparpotenzial zum Basisszenario. Der Nutzen übersteigt damit sehr deutlich die Kosten. Im Realszenario werden jährlich 75.000 EUR und im Optimalszenario 235.500 EUR an Nutzen generiert.

Damit zeigt die Studie wie hoch Einsparungen bzw. der Nutzen von bestimmten Maßnahmen sein können und dass beschäftigtenfreundliche Maßnahmenbündel lohnende Investitionen darstellen, die in diesem Fall eine Rendite von 25 % erwirtschafteten, denn: „Wertet man den jährlichen Aufwand für die familienfreundlichen Personalmaßnahmen als Investition, so verzinst sich das in die Maßnahmen investierte Kapital bei der „Familien GmbH" mit 25 %. Im betriebswirtschaftlichen Sprachgebrauch kann man bei der „Familien GmbH" also von einem Return on Investment (ROI) der Investitionen in die Familienfreundlichkeit in Höhe von 25 % sprechen".[178]

Es ist festzuhalten, dass relativ wenige Maßnahmen einbezogen wurden und dabei sogar noch relativ teure wie die betriebseigene Kinderbetreuung.[179] Ferner wurden potenzielle Kostenreduktionen durch geringere Fehlzeiten, bzw. geringeren Krankenstand, nicht erfasst und die in dieser Arbeit angesprochenen Nutzen, wie erhöhte Motivation, Zufriedenheit, Identifikation mit dem Unternehmen, verbesserte Qualität und Effizienz der Arbeit, blieben unberücksichtigt. Würde man diese Nutzen mit einkalkulieren, bzw. ein größeres Maßnahmenangebot annehmen, wäre zu erwarten, dass die Kosten-Nutzen-Kalkulation noch positiver für die Nutzenseite ausfallen würde.[180] Zudem wurden die Kosten für die Personalbeschaffung sehr gering eingeschätzt und in einer Zeit erhoben, in der ein Arbeitskräfteüberangebot herrschte. Wird das Arbeitskräfteangebot knapper, dann steigen die Kosten für die Personalbeschaffung. Dadurch würde dann auch der Nutzen von solchen Maßnahmenbündeln steigen.[181]

Damit kann das Argument Work-Life-Balance-Maßnahmen seien mit zu hohen Kosten verbunden und zu teuer ausgeräumt werden. Dieses hauptsächliche Hindernis bei der Einführung von Work-Life-Balance-Maßnahmen fällt damit weg. Beschäftigtenfreundliche Maßnahmen können im Gegenteil sogar als ernstzu-

[178] BUNDESMINISTERIUM FÜR FAMILIE, SENIOREN, FRAUEN UND JUGEND u. a., 2003a: S. 33

[179] Die PROGNOS-Studie betont, dass dafür eine betriebliche Kinderbetreuung, die sehr kostenintensiv ist, oftmals nicht notwendig ist (Vgl. BUNDESMINISTERIUM FÜR FAMILIE, SENIOREN, FRAUEN UND JUGEND u. a., 2003a: S. 22).

[180] Eine solche Kalkulation würde leider den Rahmen dieser Arbeit sprengen.

[181] Vgl. BUNDESMINISTERIUM FÜR FAMILIE, SENIOREN, FRAUEN UND JUGEND u. a., 2003a: S. 34f.

nehmende Investitionen gesehen werden, die der Wirtschaftlichkeit des Unternehmens förderlich sind. Wichtiger aber noch ist es, das bedeutendste Kapital des Unternehmens zu fördern und zu pflegen, nämlich die Beschäftigten.

6. Auswirkungen von Work-Life-Balance-Maßnahmen auf die Beschäftigten

In diesem Kapitel soll geprüft werden, ob Work-Life-Balance-Maßnahmen den Beschäftigten mehr Nutzen und Vorteile bringen oder ob sie mehr Nachteile, Kosten und Belastungen hervorbringen. Es wird zunächst unterstellt, dass Work-Life-Balance-Maßnahmen den Beschäftigten Möglichkeiten ermöglichen und zwar in Form von Handlungsmöglichkeiten. Wenn Privatleben und Erwerbsleben besser zu vereinbaren sind, können die Beschäftigten sowohl am Erwerbsleben teilnehmen, als auch private Verpflichtungen und/oder Bedürfnisse wahrnehmen und zwar ohne dass ein Bereich vernachlässigt wird.

Weiter kann angenommen werden, dass durch bestimmte Entscheidungen von Beschäftigten, ihnen selbst Kosten in vielerlei Form und Höhe entstehen. Wohl am stärksten würden diese Kosten durch die Entscheidung Kinder zu bekommen, ausfallen. Etwa in Form von Kosten, die entstehen, wenn z. B. das Einkommen des einen Elternteils entfällt, der das Kind betreut und auf dieses Einkommen verzichtet werden muss.[182] Weiter kann mit Kosten und Aufwand für Betreuung, Pflege, etc. gerechnet werden.

Diese Kosten lassen sich durch Maßnahmen, die einen schnellen Wiedereinstieg ermöglichen und generell Maßnahmen, die die Beschäftigten in irgendeiner Form entlasten und ihre Balance von Arbeit und Leben steigern, reduzieren. Die Gruppe der Eltern kann als die Gruppe angesehen werden, denen die höchsten Kosten entstehen, bzw. die am stärksten schon durch ihr Privatleben belastet werden. Daher können sie auch optimal dazu herangezogen werden, die Auswirkungen bestimmter Maßnahmen zu beleuchten und darauf hin zu untersuchen, ob mit ihrer Hilfe eine Balance von Leben und Arbeit ermöglicht wird.

---

[182] Dabei kann angenommen werden, dass der monetär entgangene Lohn mit dem Qualifikationsniveau steigt.

Aufgrund dieser Überlegung können die Ergebnisse von Studien, die sich ausschließlich auf die Familienfreundlichkeit bestimmter Maßnahmen beschränken, im Prinzip auf alle Beschäftigten übertragen werden.[183]

6.1. Vorteile und Nutzen für die Beschäftigten

Die allgemeinen Auswirkungen von Work-Life-Balance-Maßnahmen auf die Beschäftigten, wie erhöhte Motivation und Zufriedenheit etc., die im Kap. 4 behandelt wurden, sollen hier nicht noch einmal ausführlich dargestellt werden, so dass anschließend näher auf die Auswirkungen der einzelnen Maßnahmen eingegangen wird.

6.1.1. Nutzen der primären Work-Life-Balance-Maßnahmen

Arbeitszeit allgemein

Die Länge und die Verteilung der Arbeitszeit können als wichtige Einflussgrößen auf das Leben der Beschäftigten gesehen werden. Legen diese Parameter doch mehr oder weniger fest, wann wie viel Zeit für private und familiäre Angelegenheiten überhaupt zur Verfügung steht. Und genau hier besteht nach Ansicht der Beschäftigten der größte Handlungsbedarf, denn 35,6 % der Frauen und 27,7 % der Männer sehen bei den familienfreundlichen Arbeitszeiten den größten Handlungsbedarf.[184] Arbeitszeitverkürzungen und Arbeitszeitflexibilisierungen können in Bezug auf die Arbeitszeit als die Kernpunkte möglicher Veränderungen angesehen werden. Sie bringen in sofern einen Nutzen, als dass sie genau die oben genannten Parameter modifizieren. Dass dafür ein erheblicher Bedarf auf Seiten der Beschäftigten besteht, zeigt sich auch darin, dass die tatsächliche Arbeitszeit überwiegend nicht mit den Wünschen der Beschäftigten mit Kindern und Pflegeaufgaben übereinstimmt. Die Mehrheit der Beschäftigten mit Kindern

[183] Es sei denn, es handelt sich um spezifische Maßnahmen ausschließlich für Eltern wie etwa Kinderbetreuungen.
[184] Vgl. BUNDESMINISTERIUM FÜR FAMILIE, SENIOREN, FRAUEN UND JUGEND u. a., 2004a: S. 7

oder pflegebedürftigen Angehörigen würde nämlich gerne weniger arbeiten (vgl. Abb. 3).

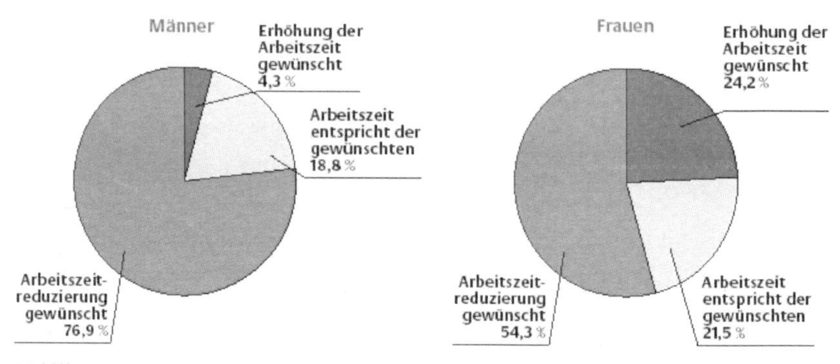

Abb. 3: Differenz der gewünschten zur tatsächlichen Arbeitszeit von ArbeitnehmerInnen mit Kindern oder Pflegeaufgaben (Bundesministerium für Familie, Senioren, Frauen und Jugend u. a., 2004a: S. 15)

Etwa drei Viertel der Männer und über die Hälfte der Frauen wünschen sich eine Reduzierung der tatsächlichen Arbeitszeit.[185] Nur etwa 20 % der Beschäftigten beider Geschlechts sind mit ihrer Arbeitszeit zufrieden. Von einer Arbeitszeitverkürzung würden mehr Männer profitieren, da sich 76,9 % eine Arbeitszeitreduzierung wünschen und nur 4,3 % wünschen sich eine Erhöhung der Arbeitszeit. Die Männer sind also im Umkehrschluss stärker von zu langen Arbeitszeiten betroffen. Von den Frauen wünschen sich 54,3 % der Frauen eine Arbeitszeitreduzierung, 24,2 % der Frauen wünschen sich dagegen eine Verlängerung der Arbeitszeit (Abb. 3). Es gilt hier, wie so oft, eine bedarfsgerechte Umverteilung zu erreichen.

[185] Vgl. BUNDESMINISTERIUM FÜR FAMILIE, SENIOREN, FRAUEN UND JUGEND u. a., 2004a: S. 13

Was die Flexibilität der Arbeitszeit anbelangt, ist hier ein Bedürfnis nach flexibler Arbeitszeit zu vermuten.[186] Flexible Arbeitszeiten können den Beschäftigten eine selbstständigere Zeitplanung und auch eigenständigere Arbeitsplanung im Allgemeinen ermöglichen. Besonders vorteilhaft für die Beschäftigten sind flexible Arbeitszeiten dann, wenn sie die Bedürfnisse und Wünsche der Beschäftigten bezüglich ihrer Arbeitszeit ausreichend berücksichtigen. Wenn etwa eine Reduktion der Arbeitszeit ermöglicht wird, z. B. eine Teilzeitarbeit, die je nach betrieblichen und persönlichen Interessen in Länge (vollzeitnaher oder vollzeitferner) und Lage (etwa Blockteilzeit) differiert, und die Beschäftigten die Länge und Lage der Arbeitszeit souverän einteilen können, dann kann die Arbeit mit privaten und familiären Ansprüche besser vereinbart werden. Verschiedene Zeitbedarfe können so miteinander abgestimmt und in Einklang gebracht werden.

Diese theoretischen Vermutungen zur Vereinbarkeit können empirisch bestätigt werden. In einer Befragung von Mitarbeitern der Metall- und Elektro-Industrie meinen 68 % der Arbeitnehmer insgesamt, dass durch flexible Arbeitszeiten Beruf und Familie besser vereinbart werden können. Von den Arbeitnehmern, die schon mit flexiblen Arbeitszeiten leben und arbeiten und damit bereits von den Auswirkungen direkt betroffen sind, meinen sogar 75 %, dass Beruf und Familie durch flexible Arbeitszeiten besser vereinbar sind. Eine Verbesserung der Vereinbarkeit von Arbeit und Privatleben sehen 62 % der Arbeitnehmer insgesamt, und 70 % der Arbeitnehmer mit flexiblen Arbeitszeiten. Auch eine größere Souveränität bei der Einteilung der Arbeitszeit lässt sich empirisch belegen. So äußern 56 % der Arbeitnehmer insgesamt, dass man durch flexible Arbeitszeiten „mehr Freiheiten" hat und sich die „Arbeitszeit besser einteilen" kann. Und so-

---

[186] Vgl. LINDEMANN & URMERSBACH, 2005: S.16. Die Autoren vermuten generell ein Bedürfnis nach flexibler Arbeit, also die Arbeitszeit, Entgelt, Arbeitsorganisation, Art und Inhalt der Tätigkeit betreffend.

gar 65 % der Arbeitnehmer mit flexiblen Arbeitszeiten erleben mehr Freiheiten und können sich die Arbeitszeit besser einteilen.[187]

Beschäftigtenfreundliche Arbeitszeiten, also flexible Arbeitszeiten, die die Bedürfnisse der Beschäftigten berücksichtigen, erweitern auch allgemein ihren Handlungsspielraum und die Möglichkeiten der Beschäftigten, bzw. ihre Entscheidungsfreiheiten. Was wichtig ist, denn oftmals ist die Arbeitszeit grundlegend für private Entscheidungen. Für Eltern ist die Arbeitszeit und ihre Ausgestaltung fundamental, wenn es darum geht, ob eine Erwerbstätigkeit wieder aufgenommen werden kann oder nicht. Die Aussicht, ob Arbeitszeitflexibilisierungen bestehen, kann auch entscheidend dabei sein, ob Kinderwünsche realisiert werden können, wenn die Partner etwa auf beide Gehälter angewiesen sind und zumindest mit reduzierter Arbeitszeit weitergearbeitet werden müsste. Daher sehen die meisten Beschäftigten bei den familienfreundlichen Arbeitszeiten den größten Handlungsbedarf für einen familienfreundlichen Betrieb, nämlich 35,6 % der Frauen und 27,7 % der Männer (Vgl. Abb. 4).

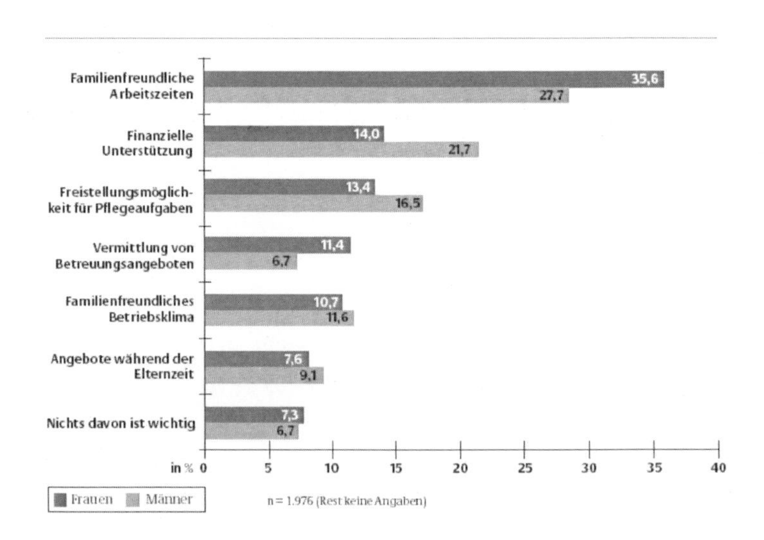

[187] Vgl. Arbeitgeberverband Gesamtmetall, 2003: S. 49 Abbildung 13.

Abb. 4: Familienfreundlicher Betrieb: Bereiche mit dem größten Handlungsbedarf nach Geschlecht (Bundesministerium für Familie, Senioren, Frauen und Jugend u. a., 2004a: S. 8)

Aber wie müssen Arbeitszeiten beschaffen sein, um als beschäftigtenfreundlich zu gelten? Wichtig dabei ist die Berücksichtigung von Bedürfnissen, Freiheiten und Autonomie. Sehr große Freiheiten und Eigenständigkeit im Hinblick auf die Arbeitszeit werden eröffnet, wenn die Arbeitszeit und ihre Lage von den Beschäftigten sehr stark variiert werden kann, etwa wenn eine „Wahlarbeitszeit“[188] ermöglicht wird, bei der alle Beschäftigten ihre Vertragsarbeitszeit und die Verteilung dieser Arbeitszeit immer wieder neu wählen können, oder wenn individuelle Arbeitszeitmodelle bestehen, bei denen jeder Beschäftigte entscheidet wie viele Stunden er oder sie arbeiten will und mit der Abteilung abstimmt, wann die Leistung erbracht wird[189] oder wenn die Arbeitszeit der Beschäftigten individuell gestaltet wird, so dass ihre „individuellen Bedürfnisse und Wünsche mit den Anforderungen eines rationellen und leistungsfähigen Betriebes bestmöglich in Einklang gebracht werden können.“[190] Damit individuelle Bedürfnisse berücksichtigt werden können und das Privatleben geplant werden kann, ist es darüber hinaus entscheidend, dass die Arbeitszeit auch verlässlich ist.

Flexiblere Arbeitszeitmodelle im Allgemeinen steigern die Zufriedenheit der Beschäftigten, senken ihre Krankentage und steigern die Attraktivität des Unternehmens für Fachkräfte, wodurch ferner die Fluktuation geringer wird.[191] Für die Beschäftigten ist Letzteres auch ein Nutzen, da sie nicht ihre vertraute soziale Umgebung verlassen müssen. Eine Erhöhung von Zufriedenheit und Motivation der Beschäftigten, vor allem durch verstärkte Flexibilisierung und Selbstständigkeit in der Gestaltung der Arbeitszeit, aber durch Kinderbetreuungsange-

[188] Vgl. HOFF, 2003: S. 36
[189] Vgl. FAUTH & WILLENEGGER, 2001: S. 221
[190] LANDERT, 2001: S. 211
[191] Vgl. FAUTH-HERKNER, 2004: S. 106

bote, wurde in einer Untersuchung von ROST (2004) von zirka der Hälfte der untersuchten Unternehmen erreicht.

Durch die Erhöhung von Motivation und Zufriedenheit stieg außerdem die Leistungsfähigkeit der Beschäftigten, was ebenso als Nutzen für die Beschäftigten selbst angesehen werden kann, da dies ihre Position im Unternehmen und das eigene Selbstbewusstsein stärkt. Weiter konnte ein entspannteres und angenehmeres Betriebsklima, mit einer familiäreren und vertrauensvolleren Atmosphäre, festgestellt werden, in der die Beschäftigten verstärkt entlastet wurden. Die Beschäftigten hatten mehr Spaß am Arbeiten, waren teamorientierter und hatten ein gesteigertes Selbstvertrauen durch ein hohes Maß an Selbstbestimmung und ein Zusammenarbeiten ohne äußeren Druck.[192]

Wenn ausreichend selbstbestimmt gehandelt und gestaltet und selbständig im Hinblick auf die Arbeitszeit entschieden werden kann, steigt die Arbeitszufriedenheit. Ferner senkt eine autonome Einteilung der Arbeitszeiten neben einer verantwortungsvollen und die persönliche Entwicklung fördernden Tätigkeiten mit großem Handlungsspielraum und neben einer guten sozialen Beziehung zu Vorgesetzten und Kollegen, die krankheitsbedingten Fehlzeiten der Beschäftigten, wie mit Daten des Sozioökonomischen Panels gezeigt werden konnte.[193]

Arbeitszeiterfassungssysteme/Arbeitszeitkonten/Sabbaticals/Blockfreizeiten

Arbeitszeitkonten haben für Beschäftigte den Nutzen, dass sie bei gleich bleibendem Einkommen ihre Arbeitszeiten variieren können. Die Beschäftigten können Zeit anhäufen, um längere Freizeiten wahrnehmen zu können, wie Sabbaticals und Blockfreizeiten. Die Vorteile von Sabbaticals und Blockfreizeiten liegen für Beschäftigte in der Möglichkeit, durch „kontrollierte Flexibilisie-

[192] Vgl. ROST, 2004: S. 139ff.
[193] Vgl. BEBLO & ORTLIEB, 2005: S. 191

rung“,[194] eigene und weitgehende Lebensentwürfe zu gestalten und sich selbst zu verwirklichen. Solche längeren Freizeiten am Stück bieten die Möglichkeit von Langzeiturlauben, für Reisen, Fortbildungen, Weiterbildungen[195] etc. und gewähren ausreichend Zeit in Phasen, in denen Verpflichtungen zu intensiver und/oder zeitintensiver Betreuung bestehen. Berufliche und private Verpflichtungen können in dieser erwerbsarbeitsfreien Zeit besser vereinbart werden, wobei das Arbeitsverhältnis erhalten bleibt.
In einer Studie von PFAHL & REUYß (2002) hatten alle befragten Beschäftigten Interesse an Blockfreizeiten[196] und nutzten diese gelegentlich, um Arbeiten im Haus, Haushalt oder Garten zu tätigen, zu reisen, Freunde zu besuchen, zur „Entschleunigung“ des Alltags, um also der Beschleunigung des Lebens entgegenzuwirken oder um Zeit mit den Kindern zu verbringen. Väter nahmen in den freien Zeiten häufiger an der Hausarbeit und der Kindererziehung teil.

Wenn Blockzeiten regelmäßig auftraten, beispielsweise bei Schichtarbeit, dann waren sie fest in die Gestaltung des Alltags mit der Familie eingeplant und wurden „zu einem festen und geschätzten Bestandteil des Familienalltags“.[197] Arbeitsintensive Phasen und arbeitsfreie Phasen und ihr Wechsel wurden zur Gewohnheit und trugen so gesehen zur Vereinbarkeit von Arbeit und Leben bei. Vorausgesetzt, die Beschäftigten können ihre freien Zeiten mitbestimmen.

Zudem ist es besonders bei Beschäftigten mit Familie entscheidend, dass die Arbeitszeit planbar ist, aber eben auch flexibel gehandhabt werden kann, um auf besondere Vorkommnisse und Ereignisse reagieren zu können.

---

[194] Vgl. SEIFERT, 2001: S. 168
[195] Somit besteht auch ein Vorteil der Beschäftigten darin, dass sie z. B. mit Weiterbildungen ihren Marktwert steigern können und dabei noch private Verpflichtungen wahrnehmen.
[196] Blockfreizeiten wurden als freie Phasen unter einem Monat unterschieden.
[197] PFAHL & REUYß, 2002: S. 463

Sabbaticals wurden, wie die besagte Studie feststellte, genutzt, um auf familiäre Ereignisse wie Einschulungen zu reagieren, um fehlende Kinderbetreuung zu kompensieren und um die Familienzeit zu intensivieren. Damit diese positiven Auswirkungen von Blockfreizeiten und Sabbaticals entstehen, sollten die Beschäftigten sowohl über die Lage und Dauer von Mehrarbeit als auch die Entnahme des Zeitguthabens mitbestimmen können. Freistellungen sollten kurzfristig möglich sein können, sie sollten nicht begründet werden müssen, von flexibler Dauer sein und variabel finanziert werden können.[198]

In einer qualitativen Studie von EBERLING et al. (2004), die fünf Betriebsfallstudien in vier Wirtschaftssektoren (Industrie, Banken, IT-Sektor und Pflege) umfasst, unterscheidet sich die Nutzung der Zeitkonten je nach Branche, wirtschaftlicher Lage, Personal- und Leistungspolitik und der betrieblichen Arbeitszeitkultur der entsprechenden Unternehmen. In einer Querschnittsanalyse stellten die Autoren heraus, dass sich die individuellen Gestaltungsmöglichkeiten der Beschäftigten gegenüber Tarifverträgen und Betriebsvereinbarungen erweitert haben. Das heißt, die Verantwortung der Beschäftigten für ihre eigene Arbeitszeitgestaltung ist gestiegen und damit ebenfalls die Verantwortung zur Sicherung der Ergebnisse und zur Steigerung der Leistung. Die wenigen Beschäftigten, die lange Blockfreizeiten nehmen, sind oft höherqualifiziert, sehr engagiert und erwerbsorientiert, sie haben gute Verhandlungsmöglichkeiten, können jedoch ihr Fernbleiben von der Arbeit schwer rechtfertigen. Sie nutzen die Blockfreizeiten für sich selbst, für Hobbys, soziale Beziehungen, bestimmte private Aufgaben und Weiterbildungen.[199]

---

[198] Vgl. PFAHL & REUYß 2002: S. 459ff.
[199] Vgl. EBERLING et al., 2004: S. 215ff.

Eine weitere Auswirkung von Sabbaticals oder Blockfreizeiten, die festzuhalten ist, sind veränderte Arbeitszeitwünsche nach der Nutzung von Blockfreizeiten. Die gemachten Erfahrungen wollen wiederholt werden.[200]

Um den Erfolg von Arbeitszeitkonten und von Arbeitsflexibilisierung generell zur Verbesserung der Vereinbarkeit von Arbeit und Leben zu gewährleisten, ist es wichtig, wenn nicht gar entscheidend, dass die Beschäftigten die Verteilung, die Lage und Dauer der Arbeitszeiten mitbestimmen können. Sie müssen ein Stück Hoheitsgewalt über ihre Arbeitszeit haben. Denn die Kontrolle über die Arbeitszeit und die Arbeitszeitkultur im Unternehmen haben bei allen Beschäftigten entscheidenden Einfluss darauf, ob individuelle Zeitbedürfnisse befriedigt werden und werden können. Es sollte ferner nicht nur darum gehen, den Alltag unter Zeitdruck ohne größere Probleme zu organisieren, sondern darum, ein Privat- oder Familienleben zu schaffen, das persönlichen und emotionalen Nutzen schaffen kann.[201]

Vertrauensarbeitszeit

Vertrauensarbeitszeit, als die im Prinzip flexibelste Form der Arbeitszeit, lässt die Möglichkeit zu sehr individuellem Einteilen der Arbeitszeiten erwarten, da eine ständige Anwesenheitspflicht zugunsten einer Ergebnisorientierung abgelöst wird und folglich Arbeitszeiten vereinbarkeitsfördernd an private Bedürfnisse und Wünsche angepasst werden können. Allerdings benötigen gerade Eltern relativ stabile und planbare Arbeitszeiten, die in ihrer gesamten Länge begrenzt sind, um Betreuungszeiten und Familienzeiten wahrnehmen zu können, da sich Betreuungsarbeiten eher nicht verschieben lassen.

[200] Vgl. EBERLING et al., 2004, S. 205

[201] Wenn das Familienleben belastend wirkt und wird, kann dies den Effekt haben, dass nicht alle Beschäftigten kürzere Arbeitszeiten haben wollen, sondern in den Job flüchten, wo sie Anerkennung und gute Beziehungen finden, und zwar trotz hoher Belastungen durch die Arbeit (siehe dazu: HOCHSCHILD, 2002).

In einer Fallstudie von BÖHM et al. (2002) wurden mit Interviews in zehn Unternehmen die Auswirkungen von Vertrauensarbeitszeiten auf die Beschäftigten untersucht. Es konnte gezeigt werden, dass Vertrauensarbeitszeiten durchaus Vorteile für die Beschäftigten haben und vereinbarkeitsfördernd wirken können.[202] Dabei wurde die Arbeitszeitkultur des Unternehmens als entscheidendes Element herausgestellt. Sie ist entscheidend dafür, ob mit Hilfe der Vertrauensarbeitszeit eine Balance von Arbeit und Leben hergestellt werden kann oder nicht. Es sind implizite Normen und Standards für den Umgang mit der Arbeitszeit im Unternehmen verantwortlich. Diese sind mit einer bestimmten Leistungs- und Führungspraxis verbunden, die den Beschäftigten ein Gespür für den in diesem Unternehmen richtigen Umgang mit der Arbeitszeit vermitteln.

Wenn nun eine Zeitkultur im Unternehmen gilt, in der individuelle Arbeitszeitwünsche der Beschäftigten geachtet werden und dazu eine eigenständige Begrenzung derselben als Zuständigkeit verstanden wird, dann kann ein Nutzen für die Beschäftigten entstehen.[203] In dem betreffenden Unternehmen wurde sich an dem Ergebnis der Leistung orientiert und nicht etwa an einer Leistungssteigerung, daher kann die durch die Vertrauensarbeitszeit ermöglichte freie Zeit eigenständig für private Zwecke eingesetzt werden. Andauernde Anwesenheit im Unternehmen wurde im Gegensatz zu Kooperationen mit Kollegen als nicht so wichtig bewertet. Beschränkungen der Arbeitszeit aufgrund von privaten Bedürfnissen wurden quasi „entstigmatisiert".[204] Hier ist eine Entgrenzung und die ihr nachfolgende individuelle Begrenzung von Arbeit für die Work-Life-Balance der Beschäftigten förderlich.

---

[202] Vgl. BÖHM et al., 2002: S. 435 ff.
[203] Die Autoren verdeutlichen die Auswirkungen von unterschiedlichen Arbeitszeitkulturen an zwei Beispielen von hochqualifizierten weiblichen Beschäftigten.
[204] Vgl. BÖHM et al., 2002 : S. 440

Arbeitszeitverkürzung

Bei Arbeitszeitverkürzungen kann potenzielles Einkommen gegen Zeit oder gegen Gesundheit eingetauscht. Es kann mehr Zeitwohlstand und damit Lebensqualität generiert werden. Das Leben kann unabhängiger von der Arbeit gemacht werden. Arbeitszeitverkürzungen schaffen für die Beschäftigten die Möglichkeit, weniger Erwerbsarbeit und dafür mehr Familienarbeit leisten zu können. Gerade Männer, die weniger Familienarbeit leisten, können sich dadurch mehr in der Familienarbeit engagieren, eventuell eine aktivere Vaterschaft praktizieren und sich selbst verstärkt im privaten Bereich verwirklichen.

Durch Arbeitszeitverkürzung steht den Beschäftigten mehr Zeit für Familie, Freunde, gesundheitliche Vorkehrungen, Bildung etc. zur Verfügung. Außerdem können Zeitstrukturen des Alltag entdichtet werden.[205] Dadurch ist mehr Zeit für Erholung vorhanden, Stress und Belastungen können abgebaut werden und die Leistungsfähigkeit für die Erwerbstätigkeit und das Privatleben langfristig erhalten werden. Es können somit Krankheiten verhindert werden, die durch Arbeitsüberlastungen entstehen würden. Ein erodieren von sozialen Kontakten und Beziehungen aufgrund von Zeitmangel kann ebenfalls mit Arbeitszeitverkürzungen verhindert werden. Schließlich können Arbeitszeitverkürzungen eine Möglichkeit sein, eine geschlechtsneutrale Arbeitsteilung zu schaffen, da das Modell des männlichen Alleinverdieners verschwinden würde, wenn beide Partner erwerbstätig sind und etwa Teilzeit arbeiten.

Arbeitszeitverkürzungen können - selbst wenn die Arbeitszeit unfreiwillig verkürzt wird und damit nicht nur diejenigen betrifft, die eine Arbeitszeitverkürzung wünschen - trotzdem positive Auswirkungen auf die Beschäftigten haben. Dies vermag die Studie von JÜRGENS & REINECKE (1998) zu zeigen, die eine 20 % ige Arbeitszeitverkürzung bei VW untersuchte. Die Auswirkungen sind dabei

[205] Vgl. HIELSCHER & HILDEBRANDT, 1999: S. 239

allerdings unterschiedlich, je nach Lebensführung der Beschäftigten, das heißt die Reaktionen der Beschäftigten auf die Arbeitszeitverkürzung hängen von ihrer familialen Lebensführung und ihrer geschlechtlichen Aufgabenverteilung ab. Die Verkürzung der Arbeitszeit auf eine Vier-Tage-Woche führte beim ersten traditionellen Typ, bei dem das Geschlechterverhältnis hierarchisch und die Grundstimmung resignativ war,[206] zu keinen Verhaltensänderungen in Bezug auf ihre Investitionen in ihre Familie und auch „Auswirkungen auf die Arbeitsteilung zwischen den Geschlechtern lassen sich nicht feststellen."[207]

Die meiste Zeit regenerieren sich die Männer und werden so von Arbeitsanstrengungen entlastet, wodurch sich allerdings das Familienklima verbessert.[208] Beim zweiten traditionellen Typ, der eher komplementär und harmonisiert geprägt ist, verändert sich nicht die Arbeitsteilung der Geschlechter, dafür werden aber gemeinsam Freizeit- und Familienaktivitäten durchgeführt.[209] Bei den beiden modernen Typen familialer Lebensführung unterscheiden sich die Auswirkungen weitgehender. Beim dritten Typ, der individualisiert und pragmatisch ist, wird die familiale Arbeitsteilung nicht verändert, weil nicht wirklich mehr Freizeit wahrgenommen wird, da aufgrund einer hohen Einkommensorientierung freiwillig Mehrarbeit geleistet wird.

Da beide Partner erwerbstätig sind, nehmen die Männer jedoch an der Kinderbetreuung und in geringem Maße an der Hausarbeit teil. Beim modernsten Typ, der kooperativ und reflektiert geformt ist, beteiligen sich die Männer dagegen ausgeprägter an der Familienarbeit. Bei ihnen haben private Interessen den Vorrang, es wird ein kooperatives Verhältnis zwischen den Geschlechtern und damit eine auf Gleichheit bedachte Verteilung von Erwerbsarbeit und Familiearbeit präferiert. Bei diesem Typ wird die Arbeitszeitverkürzung am positivsten gese-

[206] Vgl. JÜRGENS & REINECKE, 1998: S. 102ff
[207] JÜRGENS & REINECKE, 1998: S. 170
[208] Vgl. JÜRGENS & REINECKE, 2000: S. 218ff.
[209] Vgl. JÜRGENS & REINECKE, 1998: S. 176f.

hen und dazu verwendet, den Anteil der Männer an der Familienarbeit zu vergrößern.

Es kann mehr Familienzeit miteinander verbracht werden, das Familienklima ist entspannter und die Frauen werden durch die Arbeitszeitverkürzung der Männer vom Alltagsstress entlastet und bekommen mehr Freizeit. Im Ganzen wird mehr Lebensqualität generiert.[210]

Wenn die Beschäftigten über einen längeren Zeitraum mit stabilen kürzeren Arbeitszeiten leben, können sie ihren Umgang mit der innerfamiliären Arbeitsteilung und ihre Verteilung dies bezüglich verändern und das Privatleben besser planen, als bei sehr flexiblen, dafür aber sehr unzuverlässigen und wechselhaften Arbeitszeiten.

Gleitzeit

Gleitzeitarbeit bringt für die Beschäftigten den Vorteil, dass individuelle zeitliche Gestaltungsspielräume bestehen. Durch die Möglichkeit Arbeitsbeginn und Arbeitsende flexibel, meist aber entweder unter Berücksichtigung der Kernarbeitszeiten oder ganz variabel selbst bestimmen zu können, ist es den Beschäftigten möglich, ihre Arbeitszeiten mit den Zeiten bestimmter Institutionen wie Ämter, Kindergärten und Schulen abzustimmen. Und selbst kurzfristig können sie private Verpflichtungen und Termine wahrnehmen. Es kann kurzfristig auf Notfälle und/oder unplanmäßige Vorkommnisse, wie die Krankheit eines Kindes, reagiert werden, ohne private oder berufliche Versäumnisse und Nachteile befürchten zu müssen oder zu bewirken.

Im Gegensatz zu starren Arbeitszeitregelungen können individuelle Bedürfnisse und persönliche Verpflichtungen berücksichtigt werden, ohne gleich mit berufli-

[210] Vgl. JÜRGENS & REINECKE, 1998: S. 193ff.

chen Anliegen zu kollidieren, Beruf und Privatleben können besser koordiniert werden. Schließlich kann ein absoluter Zeitdruck im Straßenverkehr und Fahrten bei erhöhtem Verkehrsaufkommen vermieden werden. Je flexibler Arbeitsbeginn und das Arbeitsende gesetzt werden können, umso flexibler können die Beschäftigten ihre Arbeitszeiten gestalten und umso größer ist der zu erwartende Nutzen. Gleitzeit ist dann also besonders effektiv zu nutzen, wenn ein möglichst großes Arbeitszeitfenster angeboten wird.[211]

Teilzeitarbeit

Von Nutzen für die Beschäftigten ist die Reduzierung der Arbeitszeit in Form von Teilzeitarbeit dann, wenn dadurch entsprechende individuelle Arbeitszeitwünsche und Lebensplanungen, wie z. B. Kinderwünsche, Berücksichtigung finden. Oder wenn - besonders bei Beschäftigten mit Kindern oder zu pflegenden Angehörigen - die Erwerbsarbeit und die Familienarbeit bzw. das Privatleben besser, d. h. stressfreier und belastungsfreier, zu erledigen und zu vereinbaren sind. Durch Teilzeitarbeit kann sowohl die berufliche Belastung gesenkt werden, als auch die Belastung aufgrund mangelnder Vereinbarkeit der beiden Lebensbereiche, da mehr erwerbsarbeitsfreie Zeit zur Verfügung steht.

Einer Befragung von Beschäftigten der Metall- und Elektro-Industrie zufolge ist das Interesse der Beschäftigten an Teilzeitarbeit relativ gering, aber doch nicht zu vernachlässigen: So meinen 76 % der M+E Mitarbeiter insgesamt, der Umstieg auf Teilzeitarbeit „Kommt nicht in Frage“. Das gilt für 78 % der Männer und 69 % der Frauen. Insgesamt denken nur 12 % darüber nach Teilzeit zu arbeiten und zwar 16 % der Frauen und 11 % der Männer. Diesen Beschäftigten würde die Teilzeitarbeit schon allein den Vorteil bringen, dass sie ihre gewünschte Arbeitszeit umsetzen könnten.

---

[211] Vgl. DEUTSCHER INDUSTRIE- UND HANDELSKAMMERTAG u. a., 2004: S.10

Es scheint bei der Umsetzung indes Hemmnisse[212] zu geben, denn nur insgesamt 3 % haben bereits ihre Arbeitszeit entsprechend verkürzt. Weiter zeigt sich, dass je älter die Beschäftigten sind, desto eher denken sie darüber nach Teilzeit zu arbeiten. Bei den 41-50 Jährigen denken schon 14 % darüber nach, Teilzeit zu arbeiten und bei über 51 Jährigen schon 16 %, im Vergleich zu den 31-40 Jährigen, bei denen nur 9 % darüber nachdenken.[213]

Setzt man diese Ergebnisse mit dem Wunsch der Reduzierung der Arbeitszeit (Abb. 3) in Bezug, dann kann man vermuten, dass die tatsächliche Arbeitszeit aufgrund von Mehrarbeit etc. wohl über die vertraglich vereinbarte Arbeitszeit hinausgeht. Und oftmals eher eine Angleichung von tatsächlicher Arbeitszeit und vertraglicher Arbeitszeit gewünscht wird und überwiegend nicht ein so starker Einschnitt bei der Arbeitszeit wie er beim Übergang von der Vollzeitarbeit auf die Teilzeitarbeit resultieren würde. Allerdings sagt dies nichts über die 12 % der M+E Mitarbeiter insgesamt, die darüber nachdenken in Teilzeit zu arbeiten. Für diese nicht zu unterschätzende Gruppe würde eine Arbeitszeitverkürzung vermutlich erheblichen Nutzen bringen.

Job-Sharing

Als eine Form der Teilzeit ermöglicht Job-Sharing den Beschäftigten ähnliche Vorteile wie die Teilzeitarbeit. Zu denken ist an eine hohe zeitliche Flexibilität für die Beschäftigten, da Betriebszeiten und Arbeitszeiten getrennt sind. Weiter können die Arbeitszeiten freier, d. h. in Abstimmung mit den Kollegen eingeteilt werden und mit den Betreuungszeiten des Kindes abgestimmt werden. Es können insgesamt sehr weitgehende private Verpflichtungen und auch berufliche Pflichten wahrgenommen werden. Außerdem steht viel mehr privat nutzbare Zeit zur Verfügung als bei einer Vollzeitbeschäftigung.

---

[212] Zu vermuten sind Hemmnisse von Seiten des Betriebs und finanzielle Gründe.
[213] Vgl. ARBEITGEBERVERBAND GESAMTMETALL, 2003: S. 53 Abb. 16 und S. 54 Abbildung 17

Abgestufte Teilzeit nach Erziehungsfreistellung

Um den Wiedereinstieg nach einer Freistellung, wie der Erziehungszeit, zu erleichtern, kann die Arbeitszeit langsam und stufenweise angehoben werden. Dadurch können die betreffenden Beschäftigten sich in dieser Übergangszeit langsam wieder an den Arbeitsalltag gewöhnen. Beruf und Familie können langsam miteinander abgestimmt und vereinbart werden, was gerade nach der Geburt eines Kindes wichtig ist, da völlig neue Anforderungen in hoher Intensität an die Beschäftigten herangetragen werden.
Durch die abgestufte Teilzeit nach der Erziehungsfreistellung können die Beschäftigten sich an veränderte Lebensbedingungen, die durch die Betreuung eines Kindes entstehen, aber auch an mögliche veränderte Bedingungen im Unternehmen, anpassen. Zudem wird oftmals erst durch diese Maßnahme ein (gewünschter) früher Wiedereinstieg möglich, der den Vorteil einer problemloseren, da schnelleren, Wiedereingliederung bringt. Im Übrigen kann wieder ein Einkommen erlangt werden und durch die Arbeit ein Ausgleich zur Familienarbeit geschaffen werden. Dabei sollte der betreffende Beschäftigte nicht überlastet werden, was dadurch erreicht wird, dass die Arbeitsleistung den familiären Anforderungen angepasst wird und die individuellen Arbeitszeitwünsche beachtet werden.

Teilzeit während der Elternzeit

Vorteile einer Teilzeitarbeit während der Elternzeit für die Beschäftigten sind vielfältig. So bleibt das Einkommen zumindest teilweise erhalten, ebenso wird durch die kontinuierliche Erwerbstätigkeit die Qualifikation und das Know-how des Beschäftigten erhalten. Dies ist wichtig für die langfristige Work-Life-Balance, da dies die Position im Unternehmen stärkt und Vorteile für die weitere berufliche Laufbahn schafft, wie etwa höheres Einkommen. Es wird daneben eine Wiedereingliederung nach der Elternzeit vermieden, und darüber hinaus ständig Kontakt mit den Kollegen gehalten, die unterstützend und integrierend wirken können. Um diese Vorteile zu ermöglichen, sollten die betreffenden Beschäftigten nicht zu intensiv ins Unternehmen eingebunden werden, um Überlastungen zu vermeiden. Es sollte aber ebenso vermieden werden, sie zu wenig zu integrieren und damit auszuschließen.

Die Maßnahme ermöglicht ein Stück weit individuelle Selbstverwirklichung und kommt dabei vor allem Frauen zugute, denn immer weniger Frauen mit Kindern wollen nur ihre Kinder betreuen.[214] Schließlich sind noch Auswirkungen auf das subjektive Empfinden und das Selbstbewusstsein zu beachten. In einer Online-Umfrage im Rahmen des Projektes FAST4WARD 2004 gaben 55 % der befragten Mütter, die berufstätig waren, auf die Frage warum sie während der Elternzeit berufstätig bleiben wollen, als Grund an: „Nicht „nur“ Mutter zu sein, ist gut für mein Selbstbewusstsein“.[215]

Jahresarbeitszeit

Ein Vorteil für die Beschäftigten liegt darin, dass sie ihre Arbeitszeit in Abstimmung mit betrieblichen Anforderungen über ein ganzes Jahr hinweg planen und verteilen können. Dies ermöglicht es ihnen, die Arbeitszeiten längerfristig an private Bedürfnisse und Verpflichtungen, wie z. B. an Reisen, Ferien von Betreuungseinrichtungen, Geburtstage und Schulferien anzupassen, bzw. beide Bereiche miteinander abzustimmen. Plus- und Minusstunden können über das Jahr hinweg ausgeglichen werden.[216] Insgesamt ermöglicht dies eine hohe Flexibilität und große Autonomie der Beschäftigten bezüglich ihrer Zeiteinteilung, selbst über einen längeren Zeitraum hinweg.

Lebensphasenorientierte Arbeitszeit

---

[214] Vgl. ENGELBRECH, 2002: S. 46
[215] FAST4WARD, 2004: S. 29
[216] Vgl. BERUFUNDFAMILIE, 2006; DEUTSCHER INDUSTRIE- UND HANDELSKAMMERTAG u. a., 2004: S.11

Vorteilhaft für die Beschäftigten ist die Berücksichtigung ihrer verschiedenen privaten Bedürfnisse und Anforderungen in verschiedenen Lebensphasen. Denn mit der Zeit verändern sich die Bedürfnisse und auch die gesamte Lebenssituation. Deshalb sollte auch die Arbeitszeit individuell angepasst werden. So besteht bei Beschäftigten mit Familien wohl eher ein Bedürfnis zur Vereinbarkeit von Arbeitszeit und Familienzeit. Ältere Beschäftigte haben dagegen eher das Interesse, ihre Beschäftigungsfähigkeit und ihre Gesundheit zu erhalten. Bei Führungskräften sind eher Bedürfnisse im Bereich der Entlastung von Zeitdruck und Leistungsdruck zu vermuten. Darüber hinaus können ebenfalls die verschiedenen Bedürfnisse von Angehörigen wie Kindern oder älteren Angehörigen in ihren verschiedenen Lebensphasen durch lebensphasenorientierte Arbeitszeiten berücksichtigt werden. Denkbar wäre es auch, jüngere Beschäftigte zu entlasten, damit sie sich verstärkt um private und familiäre Angelegenheiten kümmern können, während ältere Beschäftigte verstärkt oder überhaupt wieder in einen Arbeitsprozess integriert werden.

Die Altersteilzeit kann als eine Form der lebensphasenorientierten Arbeitszeit betrachtet werden. Sie ermöglicht durch die Reduzierung der Arbeitszeit einen gleitenden Übergang in den Ruhestand.[217] Work-Life-Balance könnte aber andererseits ebenfalls bedeuten bis ins hohe Alter zu arbeiten und noch im Rentenalter einer sinnvollen Tätigkeit nachzugehen,[218] wobei die Länge und die Intensität der Arbeit an den Bedürfnissen und der Leistungsfähigkeit der Beschäftigten auszurichten ist. Eine Erwerbstätigkeit im hohen Alter ist zudem extrem branchen- und tätigkeitsabhängig. Wenn die älteren Beschäftigten ihre Erfahrung, ihr Wissen und auch ihre sozialen Kompetenzen weitergeben können, bieten solche Tätigkeiten einen Ausgleich zum Alltag, die Beschäftigten fühlen sich gebraucht und in die Unternehmensgemeinschaft integriert.

---

[217] Vgl. BERUFUNDFAMILIE, 2006

[218] Siehe dazu CISEK, 2001: S. 46 Es wird für ein „Lebenslängliches Recht auf Arbeit" plädiert.

Freie Regelung der Pausen

Durch frei regelbare Pausen können individuelle Bedürfnisse, Besorgungen und Termine wahrgenommen und erledigt werden, indem sie bei der Einteilung der Pausen berücksichtigt werden. Auf kurzfristige Vorkommnisse, Zwischenfälle und Notfälle kann so reagiert werden, ohne dass die Arbeit davon tangiert wird und Freistellungen genommen werden müssen.[219]

Sonder- und Erziehungsurlaub

Der Vorteil von Sonderurlaub und Erziehungsurlaub besteht in der „Freistellung für Familienarbeit“[220], so wird es möglich auf familiäre Probleme und Notfälle, wie die Krankheit eines Kindes, zu reagieren.

Arbeit mit nach Hause nehmen

Ein Vorteil dieser Maßnahme besteht für die Beschäftigten darin, dass sie nicht mehr Zeit als unbedingt notwendig im Unternehmen verbringen müssen, da sie bestimmte Arbeiten mit nach Hause nehmen können und diese von Zuhause aus erledigen können. Dadurch werden die Anwesenheitszeiten im Unternehmen minimiert und die Arbeit kann selbst eingeteilt und abgearbeitet werden, was ermöglicht, dass nebenbei oder nach eigener Einteilung private Angelegenheiten und Familienarbeit zu Hause erledigt werden können. Berufliches und Privates kann nach eigenem Ermessen miteinander vereinbart werden. So kann z. B. ein Betreuungsmangel ausgeglichen werden.[221]

Teleheimarbeit und alternierende Teleheimarbeit

Ähnliche Vorteile, wie bei der vorhergehenden Maßnahme, gelten ferner für die Teleheimarbeit und die alternierende Teleheimarbeit. Wenn Zuhause gearbeitet

---

[219] Vgl. BUNDESMINISTERIUM FÜR FAMILIE, SENIOREN, FRAUEN UND JUGEND, ohne Jahr: S. 14
[220] Vgl. BERUFUNDFAMILIE, 2006
[221] Vgl. BERUFUNDFAMILIE 2006

werden kann, besteht für die Erledigung der Erwerbsarbeit eine hohe Flexibilität, es kann ein eigener Rhythmus gefunden werden und selbstverantwortlich gearbeitet werden, da die Arbeit und die Arbeitszeiten frei eingeteilt werden können. Damit kann eine selbstständige Abstimmung von Arbeits- und Privatverpflichtungen erreicht werden, bei der es möglich ist, die beruflichen Verpflichtungen an die privaten Verpflichtungen anzupassen.[222]

Arbeit und Leben können nach eigenem Ermessen vereinbart werden, weil eben der „Wechsel von Zeiten für Arbeit und für die Familie besonders gut den individuellen Anforderungen angepasst werden" kann.[223] Die Telearbeit eröffnet im Übrigen die Chance, die räumliche und zeitliche Trennung von Arbeit und Leben, die durch die industrielle Produktion entstand, auszuräumen. Somit besteht durch eine Entgrenzung der Arbeit die Möglichkeit, Arbeit und Leben neu und eigenständig zu organisieren.

Insgesamt kann festgehalten werden, dass Teleheimarbeit den Gestaltungsspielraum des privaten und beruflichen Alltags vergrößern kann und dies durchaus auch von den Beschäftigten gewünscht wird.[224] Daneben reduziert oder entfällt zeitlicher und finanzieller Aufwand für Fahrten zur Arbeit. Besondere Vorteile in Form von Berufschancen bestehen für Behinderte, wenn etwa aufgrund der Behinderung nur in Heimarbeit gearbeitet werden kann.

---

[222] Eine Kinderbetreuung ersetzt diese Maßnahme allerdings nicht, vor allem nicht bei sehr intensiver Betreuung.
[223] BUNDESMINISTERIUM FÜR FAMILIE, SENIOREN, FRAUEN UND JUGEND, ohne Jahr: S.22
[224] so auch KLEEMANN, 2004: S.303

Satellitenbüro

Durch die dezentrale Lage der Satellitenbüros, meist in der Nähe der Wohnung verkürzen sich die Fahrtwege zum Arbeitsplatz. Dies senkt den nötigen Aufwand an Zeit und Geld, welcher anderweitig verwendet werden kann. Nach betrieblichen Erfahrungen haben sich bei ähnlichen Einrichtungen, wie „Arbeitsplatz Business Centern“ die Arbeitsbedingungen verbessert, die Kommunikation hat an Qualität gewonnen und es kann flexibler gearbeitet werden. Insgesamt hat sich der Ausgleich zwischen Arbeit und Leben verbessert.[225]

Teamarbeit

Ein Nutzen für die Beschäftigten besteht bei Teamarbeit darin, dass bei autonomen oder teilautonomen Arbeitsgruppen die Arbeitsaufgaben und Arbeitszeiten untereinander in der Gruppe so verteilt werden können, dass individuelle Erfahrungen und Fähigkeiten eingebracht werden können und persönliche Bedürfnisse berücksichtigt werden. Zum Teil kann diese Arbeit dann auch von Zuhause aus bearbeitet werden.
Teamarbeit bietet also eine hohe Selbststeuerungsmöglichkeit, mit der Chance einer besseren Vereinbarkeit von Arbeit und Leben durch dementsprechende Abstimmungen.

Teamarbeit kann sich allerdings ambivalent auswirken, je nachdem, wie sie eingerichtet ist. Sie bringt den Beschäftigten Vorteile, wenn die Mitglieder des Teams in Bezug auf familiäre Verpflichtungen aufeinander Rücksicht nehmen können. Nachteile bringt sie dagegen den Beschäftigten, wenn Teams nur mit der Absicht der Motivations- und Bindungssteigerung eingeführt werden.[226]

Überprüfen von Arbeitsabläufen

---

[225] Vgl. Bosch & Pietzcker, 2003: S. 34
[226] Vgl. Evans, 2001: S. 27

Beim Überprüfen von Arbeitsabläufen im Hinblick auf die Work-Life-Balance der Beschäftigten können diese auf Probleme und private Bedürfnisse, wie Veränderungen der Betreuungszeiten ihrer Kinder, hinweisen.[227] Die Arbeitsabläufe können dann auf diese Hinweise hin angepasst werden.

Da zunehmend private und subjektive Mittel in den Arbeitsprozess einbezogen werden, wäre es bei dieser Maßnahme auch vorstellbar darüber nachzudenken, ob die Beschäftigten Arbeitsmittel gegebenenfalls für private Zwecke nutzen könnten. Man könnte darauf kommen, „dass die Tendenz zur Subjektivierung von Arbeit und die wachsende Indienstnahme persönlicher Subjektivität zugleich die Indienstnahme von Arbeitsplatz-Ressourcen für persönliche Zwecke befördert oder auch gerechtfertigt erscheinen lässt.“[228]

6.1.2. Nutzen der sekundären Work-Life-Balance-Maßnahmen

Informations- und Kommunikationspolitik

Beschäftigte werden durch diese Maßnahmen erst über angebotene Maßnahmen in Kenntnis gesetzt und bekommen oft damit erst das Wissen über die Existenz und Vorteilhaftigkeit bestimmter Maßnahmen vermittelt. Dies ist eine Voraussetzung dafür, dass sie die Maßnahmen überhaupt nutzen können.[229] Sie werden beraten und können andererseits ihre Situation und ihre privaten Bedürfnisse verständlich machen. Dies ist besonders in individuell schwierigen Zeiten wichtig. Für berufstätige Eltern beispielsweise bringt die Geburt eines Kindes einschneidende Veränderungen in ihrem Leben mit sich. Durch Kommunikations- und Informationsangebote können sie Unterstützung und Hilfe finden. Sie werden über vorhandene familienfreundliche Maßnahmen, über gesetzliche Regelungen und Betriebsvereinbarungen genauer informiert. In einem Gespräch kön-

---

[227] Vgl. BERUFUNDFAMILIE, 2006
[228] SCHÖNBERGER, 2004: S. 260
[229] Da familienfreundliche Maßnahmen wie beispielsweise Teilzeitarbeit seltener von Männern bzw. Vätern angenommen werden, wäre es sinnvoll, gerade diese besonders zu informieren bzw. zu fördern, siehe dazu

nen ferner schon der Wiedereinstieg und eventuelle Beschäftigungsmöglichkeiten in der Elternzeit geplant werden.[230]

Bei einzelfallspezifischer Information liegt der Vorteil in dem großen Umfang und der Detailliertheit der Maßnahmendarstellung. Bei Medien wie dem Schwarzen Brett, Intranet, Betriebsversammlungen, Betriebsfesten und Betriebsausflügen, Gleichstellungsbeauftragte, Frauenbeauftragte, Männerbeauftragter, Betriebszeitungen, Broschüren, etc. kann ein Austausch von Informationen wie über Betreuungsmöglichkeiten, über Fahrgemeinschaften, aktuelle Entwicklungen und Neuigkeiten im Unternehmen stattfinden. Auftretende Probleme können kommuniziert werden, Forderungen gestellt werden, etwa auf Betriebsversammlungen. Durch die verschiedenen Beauftragten werden die Interessen der Beschäftigten vertreten und bearbeitet und sie sind ein wichtiger Ansprechpartner.

Information in Freistellungszeiten

Der Vorteil von Information in den Freistellungszeiten liegt vor allem darin, dass der Kontakt mit dem Unternehmen und den Kollegen gehalten wird und wichtige Informationen besonders das Unternehmen betreffend an die freigestellten Beschäftigten weitergegeben werden. Dies ist wichtig für eine Rückkehr ins Unternehmen und für eine leichtere Einarbeitung nach der Freistellung. Es ist nützlich wichtige Informationen zu erhalten und den Anschluss nicht zu verlieren.[231] Vorteil für Beschäftigte von Kontakthaltemöglichkeiten im Allgemeinen ist, dass sie Entwicklungen im Unternehmen im Auge behalten und sich auf zu erwartende Anforderungen einstellen können, sie werden nicht ausgeschlossen und fühlen sich auch nicht ausgeschlossen.

PROGNOS, 2005: Väterfreundliche Maßnahmen im Unternehmen. Ansatzpunkte – Erfolgsfaktoren – Praxisbeispiele.

[230] Vgl. BUNDESMINISTERIUM FÜR FAMILIE, SENIOREN, FRAUEN UND JUGEND, ohne Jahr: S. 22

[231] Vgl. BUNDESMINISTERIUM FÜR FAMILIE, SENIOREN, FRAUEN UND JUGEND u. a., 2004a: S. 32

Unternehmensphilosophie/-kultur/-leitsätze

Die Unternehmenskultur ist wichtig für die Ermöglichung und Durchsetzung eines Nebeneinanders von Karriere/Erwerbsarbeit und Privatleben/Familienarbeit. Die einzelnen Maßnahmen und Maßnahmenbündel müssen fest in die Unternehmensphilosophie und die Unternehmensleitlinien implementiert und integriert werden. Die Work-Life-Balance-Mentalität muss in der Unternehmenskultur gelebt werden. Ansonsten besteht die Gefahr, dass die Maßnahmen von den Beschäftigten nicht angenommen und von den Führungskräften nicht vollkommen vertreten werden oder ihnen sogar entgegengewirkt wird.

Der Vorteil und der Nutzen für die Beschäftigten besteht bei einer erfolgreich praktizierten Unternehmenskultur und Maßnahmen, die die Unternehmenskultur verbessern sollen, nun darin, dass ihnen gezeigt wird, wie eine erfolgreiche Work-Life-Balance aussehen kann. Den Beschäftigten kann demonstriert werden, dass es wählbare und erstrebenswerte Alternativen zur übermäßigen Arbeit gibt, die wenn sie gewählt und gelebt werden, auch von der Unternehmensseite her nicht bestraft werden und keine negativen, sondern positive Konsequenzen für sie haben. Ein weiterer Nutzen besteht darin, dass die Führungskräfte bereiter sind, die Beschäftigten bei der Umsetzung ihrer Work-Life-Balance zu unterstützen. Zum Beispiel aufgrund folgender Maßnahmen:

Entwicklung der Sozialkompetenz

Durch die Entwicklung der Sozialkompetenz der Führungskräfte verbessert sich ihr Verständnis von privaten Belangen und Bedürfnissen der Beschäftigten. Beschäftigte können sich mit ihren Vereinbarkeitsproblemen einfach an die Vorgesetzten wenden und bekommen dort Hilfe. Wenn die Beschäftigten bei den Führungskräften soziale Kompetenzen erkennen können, vereinfacht ihnen dies, sich wegen privaten Problemen an die Vorgesetzten zu wenden.[232]

Führungsbeurteilung

Die Beschäftigten können mittels Führungskräftebeurteilungen Probleme mit Vorgesetzten artikulieren und davon ausgehen, dass ein Fehlverhalten seitens der Vorgesetzten abgestellt wird. So dass die Probleme behoben werden und beispielsweise Maßnahmen zur Work-Life-Balance realisiert werden können.

Führungskräfteseminar

Der Vorteil für die Beschäftigten liegt in der Adäquatheit und Aktualität des Work-Life-Balance-Wissens der Führungskräfte, das in solchen Seminaren aktualisiert wird.

Erfolgsabhängige Vergütungsbestandteile

Der Nutzen dieser Maßnahme besteht für Beschäftigte einmal direkt in der finanziellen Zusatzvergütung zur Förderung von Work-Life-Balance-Maßnahmen. Als weiterer Nutzen kann von den Beschäftigten erwartet werden, dass ihre Work-Life-Balance gefördert wird, da die Führungskräfte bei erfolgreicher Umsetzung von Maßnahmen ebenso eine Zusatzvergütung erhalten.

Personalentwicklung

Eine auf die Balance von Arbeit und Leben bezogene Personalentwicklung hat Vorteile für die berufliche und für die private Laufbahn der Beschäftigten. Durch eine Erhöhung der Qualifikation beispielsweise wird die Bedeutung der Beschäftigten für das Unternehmen erhöht, wodurch die Karrierechancen steigen und der Arbeitsplatz gesichert wird, was quasi die langfristige Work-Life-

---

[232] Vgl. BERUFUNDFAMILIE, 2006

Balance sichert, denn ohne Arbeit ist keine Balance von Arbeit und Leben möglich. Zusätzlich verbessert sich durch die Qualifizierung die Verhandlungsposition der Beschäftigten hinsichtlich der Nutzung von Work-Life-Balance-Maßnahmen. So kann aus der individuellen Position der Beschäftigten möglichen Entwicklungen begegnet werden wie solchen, dass nur für das Unternehmen wichtigen Fach- und Führungskräften entsprechende beschäftigtenfreundliche Maßnahmen angeboten werden.

Die private, persönliche Entwicklung wird gefördert, indem die private Lebenssituation und die aktuellen Bedürfnisse mit in die berufliche Planung eingeschlossen und individuelle Entwicklungen und Laufbahnen ermöglicht werden.

Und Work-Life-Balance kann außerdem bedeuten, „dass der Mensch seine Persönlichkeit“ in der Arbeit weiterentwickelt „und die Bedingungen der Entwicklung selber steuert. Arbeit ist dann sinnvoll, wenn sie das bereits in den Menschen in Aus- und Weiterbildung eingebrachte Qualifikationspotential, nicht brach liegen lässt oder entwertet, sondern weiterentwickelt.“[233]

Mitarbeitergespräch

Das Mitarbeitergespräch bietet Hilfe bei der Lösung der Vereinbarkeitsproblematik durch intensive Besprechung der individuellen Bedürfnisse und Recherche nach geeigneten und betrieblich vorhandenen Maßnahmen. Dies ist besonders darum vorteilhaft, weil die individuelle Lebenssituation der Beschäftigten beachtet wird und bei der Auswahl der Maßnahmen Berücksichtigung findet.[234]

---

[233] WÄCHTER & MODROW-THIEL, 2002: S. 379
[234] Vgl. BERUFUNDFAMILIE, 2006

Rückkehrgespräche

In Rückkehrgesprächen können individuelle Präferenzen darüber artikuliert werden, wann und wie viel Arbeit bzw. Arbeitszeit der betroffene Beschäftigte leisten möchte und zu leisten vermag. Ebenso kann die Erlangung weiterer Qualifikationen und die Inanspruchnahme bestimmter Work-Life-Balance-Maßnahmen besprochen werden. Dies ermöglicht weitere private Planungen.

Abstimmung bei Fortbildungsmaßnahmen

Durch die Möglichkeit bei Fortbildungsmaßnahmen mitzubestimmen können die Beschäftigten Einfluss auf Entscheidungen nehmen, die das eigene Leben und die eigene Zeit betreffen. Private Verpflichtungen können so Berücksichtigung finden.

Kontakthaltemöglichkeiten

Ein ständiger Kontakt zum Unternehmen und den Kollegen ist wichtig und vorteilhaft, um die Unternehmensentwicklung mitzubekommen und sich auf aktuelle Anforderungen einstellen zu können,[235] dies erleichtert den späteren Wiedereinstieg.

Maßnahmen zur Wiedereingliederung nach der Freistellung

Durch Maßnahmen zur Wiedereingliederung wird ein erleichterter Wiedereinstieg ermöglicht und dadurch auch der Aufwand der Beschäftigten gesenkt. Einer eventuellen Dequalifizierung kann mit Fort- und Weiterbildungsmaßnahmen entgegengewirkt werden, in veränderte Produktionsabläufe kann wieder eingeführt werden, den Beschäftigten wird die Möglichkeit gegeben, sich langsam wieder an den Alltag im Betrieb anzupassen.[236]

---

[235] Vgl. BERUFUNDFAMILIE, 2006
[236] Vgl. BERUFUNDFAMILIE, 2006

Private Verpflichtungen/Familienpflichten kein Hinderungsgrund für Neueinstellungen/ Beförderungen

Wenn bestimmte Beschäftigte und Beschäftigtengruppen mit privaten Verpflichtungen nicht benachteiligt behandelt werden und es bei personalpolitischen Entscheidungen nur auf die Qualifikationen und die Ergebnisse der Beschäftigten ankommt, hat das für die Beschäftigten den Vorteil, dass sie trotz ihrer Verpflichtungen eingestellt und befördert werden. Sie bekommen damit erst die Möglichkeit ihre Fähigkeiten unter Beweis zu stellen und erwerbstätig zu sein.

Personalentwicklungsplan

Mit einem Personalentwicklungsplan kann die Karriere unter Einbeziehung von privaten Verpflichtungen und Wünschen und im Hinblick auf eine Balance von Arbeit und Leben geplant werden. Eine längerfristige Planung von beruflicher Entwicklung und des Privatlebens kann dabei versucht werden. Dabei sollte lebensphasenorientiert geplant werden und die Vereinbarkeit von Beruf und Familie beachtet werden.[237] Für Führungskräfte stellt dies genauso eine Möglichkeit dar, eine langfristige Work-Life-Balance zu erreichen, wodurch auch mehr Frauen in Führungspositionen gelangen und überhaupt besser in den Beruf integriert werden können, was sonst aufgrund der Doppelbelastung der Frauen immer noch ein Problem ist.[238] Diese Maßnahme stellt somit ebenfalls eine Möglichkeit zum Forcieren der beruflichen Chancengleichheit von Frauen und Männern dar.

Weiterbildungsmaßnahmen und Teilzeitbeschäftigte

Teilzeitbeschäftigte werden durch diese Maßnahme weiter qualifiziert und können damit ihre Position im Unternehmen und ihre Karrieremöglichkeiten verbessern. Dadurch ist überdies eine höhere Beschäftigungssicherheit zu erwarten.

---

[237] Vgl. BERUFUNDFAMILIE, 2006

[238] Zur Doppelbelastung siehe z.B. BLOSSFELD & DROBNIC, 2002

6.1.3. Nutzen der unterstützenden Work-Life-Balance-Maßnahmen

Kinderbonus-geld/Geburtsbeihilfe/Darlehn/Hinterbliebenenrente/Kinderbonuszeit

Erhöhte finanzielle und zeitliche Belastungen und Knappheiten der Beschäftigten können durch Geldleistungen und Zeitgutschriften teilweise kompensiert zumindest aber vermindert werden.

Haushaltsservice

Haushaltservice kann Nutzen in Form von weniger Stress und mehr Entlastung generieren. Denn gerade in Phasen mit langen Arbeitszeiten ist es von Vorteil, wenn die Beschäftigten sich nicht um alltägliche und zeitintensive Dinge, wie Wäsche und Einkaufen kümmern müssen. Die Maßnahme entlastet besonders Beschäftigte mit sehr langen oder/und in ihrer Lage ungünstigen Arbeitszeiten, vor allem, wenn dazu noch hohe zeitliche Anforderungen im Privatleben bestehen. Und gerade für Frauen ist ein Haushaltsservice nützlich, weil bei kontinuierlich steigender Erwerbsbeteiligung von Frauen die Haushalts- und Betreuungsarbeit bisher nicht grundlegend anders verteilt wird und die Frauen daher einer Doppelbelastung unterliegen.[239]

Anrechnung von Erziehungszeiten

Der Vorteil der Anrechnung von Erziehungszeiten für Beschäftigte besteht darin, dass ihnen bei den Rentenanwartschaften keine Nachteile durch Erziehungszeiten entstehen, denn: „Die Zeit der Erziehungsfreistellung wird auf die Betriebszeiten angerechnet und gilt auch als Anwartschaftszeit für betriebliche Sozialleistungen".[240] Außerdem wird die Erziehungsarbeit als solche anerkannt und gewürdigt.

[239] Allgemein dazu BLOSSFELD & DROBNIC, 2002
[240] BERUFUNDFAMILIE, 2006

Essenskostenzuschuss/Betriebskantine

Durch Zuschüsse zu den Essenskosten und die Einnahme von Mahlzeiten in der Betriebskantine können die Beschäftigten Geld und Zeit für Essenszubereitung, -planung, Einkaufen etc. einsparen. Es steht mehr privat nutzbare Zeit zur Verfügung. In einer betriebseigenen Kantine können die Eltern oft auch zusammen mit ihren Kindern essen und so mehr Zeit miteinander verbringen.

Kinderbetreuung

Für Frauen und Eltern, besonders mit Kindern bis 3 Jahren, ermöglichen Kinderbetreuungen oft erst die Wiederaufnahme einer Erwerbstätigkeit. Denn eine mangelnde Betreuung hauptsächlich von unter 3-jährigen Kindern, aber auch für 3 bis 6 Jährige, über Mittag und Nachmittag ist eines der größten Hindernisse für Eltern, besonders für Mütter, erwerbstätig oder wieder erwerbstätig zu werden. Betreuungszeiten, die nicht mit den Arbeitszeiten abgestimmt sind, wie oftmals bei Halbtagsbetreuung oder Ferienzeiten, in denen keine Betreuung gewährleistet ist, stellen für erwerbstätige Eltern ebenso ein Problem dar.

Allerdings lassen sich bei der Kinderbetreuung, besonders von Kindern zwischen drei und sechs Jahren, enorme Defizite ausmachen.[241] Die Versorgungsquote für Kinder bis 3 Jahren lag 1998 in den ostdeutschen Ländern bei 36 % und in den westdeutschen Ländern bei nur 2,8 %.[242] Vielen Eltern bleibt somit nur eine selbstfinanzierte private Betreuung übrig, die für den überwiegenden Teil wohl unerschwinglich ist, bzw. so hohe Kosten verursacht, dass sich die Erwerbstätigkeit in dieser Hinsicht finanziell nicht mehr lohnt.

[241] Vgl. EICHHORST & THODE, 2003
[242] Vgl. ESCH & STÖBE-BLOSSEY, 2002: S. 5

Man könnte daher sogar von einem „Zielkonflikt zwischen Familiengründung und Erwerbstätigkeit“[243] sprechen.

Die Notwendigkeit von Kinderbetreuungsangeboten kann man zudem an der Entwicklung der Vollzeiterwerbstätigkeit von Müttern sehen, denn während sich die Müttererwerbstätigkeit[244] von ca. 40 % 1972 auf über 60 % im Jahre 1999 erhöhte, sank der Anteil der Vollzeit erwerbstätigen Mütter mit Kindern unter sechs Jahren in Westdeutschland von noch 18,2 % 1972 auf nur noch 10,2 % im Jahre 2000.[245] Empirisch kann gezeigt werden, dass für eine hohe Erwerbsbeteiligung von Frauen die Verfügbarkeit von Kinderbetreuungseinrichtungen, besonders für Kinder unter 3 Jahren, neben flexiblen Arbeitszeiten und freiwilliger Teilzeitarbeit eine große Bedeutung zukommt. Durch institutionelle Regelungen, die die Vereinbarkeit von Familie und Beruf stärken, kann die Frauenbeschäftigung erhöht werden, ohne dass es zu einem Rückgang der Geburtenrate kommt,[246] was ebenfalls gesamtgesellschaftlich als positiv zu beurteilen ist.
Werden vom Unternehmen nun Maßnahmen zur Kinderbetreuung angeboten, die eine gesicherte und verlässliche Betreuung bieten und bei der die Betreuungszeiten an die individuellen Arbeitszeiten angepasst sind und zwar kontinuierlich über das Jahr hinweg, dann werden die eben genannten Probleme gelöst. Zusätzlich erhalten die Beschäftigten eine höhere Flexibilität, wobei sich die Arbeits- und Lebensqualität verbessert, weil stressfreier gearbeitet werden kann, da sich nicht ständig Sorgen gemacht werden muss, ob die Betreuung des Kindes gesichert ist.

Darüber hinaus ist ein weiterer Nutzen zu konstatieren. Denn das Vorhandensein von Betreuungsmöglichkeiten kann außerdem die Entscheidung beeinflussen, einen potenziellen Kinderwunsch zu realisieren, bzw. sich überhaupt Kinder zu

---

[243] EICHHORST & THODE, 2004: S.19
[244] Überwiegend Teilzeitbeschäftigungsverhältnisse
[245] Vgl. BUNDESMINISTERIUM FÜR FAMILIE, SENIOREN, FRAUEN UND JUGEND, 2003b: S. 112
[246] Vgl. EICHHORST & THODE, 2004: S. 37f.

wünschen. Und auch die Vereinbarkeit von einer Elternschaft und einer Berufstätigkeit, die durch gesicherte Betreuungsmöglichkeiten verbessert wird, hat Einfluss auf die Entscheidung zur Elternschaft. So haben in einer Untersuchung 36 % der Befragten mit Kinderwunsch in der TIMES[247] Branche diesen bisher nicht realisiert, weil „die Betreuungssituation nicht geklärt ist."[248] Kinder haben im Leben der befragten Beschäftigten einen geringen Stellenwert, weil 52 % der Beschäftigten aus den TIMES Branchen und sogar 77 % der Beschäftigten anderer Branchen „keine Möglichkeit sehen, Kinder und Berufstätigkeit zu vereinbaren", bei Beschäftigten der Leistungsebene meinen das sogar 89 %.[249]

Dass die Kinderbetreuung eine der wichtigsten Maßnahmen zur Vereinbarkeit von Arbeit und Leben für die Beschäftigten darstellt, und gerade hier noch die Notwendigkeit zu Verbesserungen besteht, sieht man ferner daran, dass 78 % der abhängig beschäftigten Mütter und Väter Verbesserungspotenziale zur Vereinbarkeit von Beruf und Familie „in der flexiblen und ganztägigen Kinderbetreuung" sehen.[250]

Bei Betreuungsmöglichkeiten, wie Betriebskindergärten in der Nähe des Unternehmens, besteht ein weiterer Vorteil in den kürzeren Bring- und Holzeiten. Dies senkt den organisatorischen Aufwand des Alltags und Pausen können gemeinsam verbracht werden.

Förderung von Elterninitiativen

Bei der betrieblichen Förderung von Elterninitiativen liegt für die Beschäftigten der Vorteil in der Möglichkeit, Betreuung selbst zu organisieren und damit Ein-

---

[247] TIMES steht für Telekommunikation, Informationstechnologie, Medien, Entertainment und Security
[248] FAST4WARD, 2004: S. 13
[249] FAST4WARD, 2004: S. 14 u. 15
[250] FAST4WARD, 2004: S. 40

fluss auf die Öffnungszeiten und das betreuende Personal zu nehmen. Das pädagogische Konzept kann ebenso spezifisch ausgewählt werden.[251]

Betreuung der Kinder in Notsituationen und Ferien

Ist eine Betreuung auch in Notsituationen und in den Ferien garantiert, dann entlastet dies die Eltern von der Betreuungsfindung und sie können sich ganz auf die Arbeit konzentrieren. Weiter eröffnet dies eine hohe Flexibilität, da immer eine Betreuungsperson da ist und Notfälle oder Ferien keine Einschränkungen mehr darstellen.

Eltern-Kind-Arbeitszimmer

In Notfällen können die Eltern das Kind mit zur Arbeit bringen und dort eigenständig betreuen. Dies ist für sie oft mit weniger Aufwand und Kosten verbunden als die Suche nach einer Ersatzbetreuung. Und es ist eine kindgerechte Ausstattung vorhanden.

Kurzzeitpflegeplatz

Garantierte und adäquate Betreuung der Angehörigen und Entlastung der Beschäftigten von der Pflegearbeit, dadurch wird zusätzlich eine stressfreiere Arbeit ermöglicht.

Gesundheitsfördernde Maßnahmen

Durch gesundheitsfördernde Maßnahmen wird die Gesundheit der Beschäftigten erhalten und gefördert, indem die Arbeitsbedingungen verbessert werden und indem die Beschäftigten gesundheitsförderliches Verhalten erlernen und motiviert werden dies zu praktizieren.[252] Auch Gesundheitsprogramme zur Prävention sind der Work-Life-Balance und gerade einer langfristigen Work-Life-

---

[251] Vgl. BERUFUNDFAMILIE, 2006
[252] Vgl. BUNDESMINISTERIUM FÜR FAMILIE, SENIOREN, FRAUEN UND JUGEND, 2005b: S.44

Balance förderlich. Regelmäßige Gesundheits-Checks, Gesundheitsberatungen, Vorsorgeuntersuchungen, Betriebssport etc. können zur Schulung der Gesundheitswahrnehmung eingesetzt werden. Bei steigender Lebensarbeitszeit wird die Gesundheit zu einem entscheidenden Faktor.

6.2. Nachteile und Kosten für die Beschäftigten

6.2.1. Kosten der primären Work-Life-Balance-Maßnahmen

Flexible Arbeitszeiten im Allgemeinen

Zeit und zeitliche Abgrenzungen geben dem individuellen und sozialen Leben Form und Struktur. Die Zeit kann strukturiert und organisiert werden, wobei ihre Quantität und ihre qualitative Nutzung für die Beschäftigten von Bedeutung ist. Arbeitszeitflexibilisierungen nehmen beständig zu, während der Anteil derjenigen Beschäftigten, die mit festen Zeitinstitutionen wie Feierabend, Wochenende und Jahresurlaub leben, immer kleiner wird. 1989 betraf regelmäßige Samstagsarbeit noch 30 % der Beschäftigten, während es 1999 bereits 35 % waren, die Anzahl der Beschäftigten mit regelmäßiger Sonntagsarbeit stieg von 12 % im Jahre 1989 auf 16 % im Jahre 1999. Regelmäßige Überstunden wurden 1989 lediglich von 35 % geleistet, und 1999 schon von 56 %. Dabei sank der Normalarbeitszeitstandard, der 1989 noch 24 % betrug, auf 15 % im Jahre 1999.[253]

Für die Beschäftigten wird die Zeiteinteilung bei flexiblen und sich z. B. über Überstunden entgrenzenden Arbeitszeiten zunehmend komplizierter und kann die Beschäftigten überfordern, da sowohl die Dauer als auch die Lage und Verteilung von Arbeitszeit variiert werden können. Eigene Wünsche bezüglich der Arbeitszeit müssen erst einmal ausgebildet werden. Außerdem müssen betriebliche Anforderungen, formelle und informelle Regelungen im Unternehmen geachtet werden, um im letzteren Fall Probleme mit Vorgesetzten und den Kolle-

[253] Normalarbeitszeit wird definiert als Vollzeitbeschäftigung mit 35 bis 40 Wochenstunden Arbeitszeit tagsüber, verteilt auf Montag bis Freitag, keine Variation in der Lage der Arbeitszeit (Vgl. GROß & MUNZ, 2000: S. 205).

gen zu vermeiden. Und schließlich müssen die Arbeitszeiten dann noch mit dem Partner und/oder der Familie ausgehandelt werden.

Der gesamte Alltag wird dadurch immer komplexer, weil die potenziell veränderbaren Parameter in Bezug auf die Zeit gestiegen sind und durch die Unvorhersagbarkeit der Handlungen anderer Akteure wie Kollegen und Unternehmen, alles zeitlich unbeständiger und variabler, unüberschaubarer wird. Die Verlässlichkeit und Planbarkeit der Arbeitszeiten sinkt, es entsteht erhöhter Koordinationsaufwand. So ergab eine Befragung in der Metall- und Elektro-Industrie, dass 26 % der Arbeitnehmer insgesamt und 22 % der Arbeitnehmer mit flexiblen Arbeitszeiten meinen, dass die Abstimmung mit den Kollegen schwieriger wird.[254]

Problematisch für die Beschäftigten und den Erfolg bestimmter Work-Life-Balance-Maßnahmen wird es vor allem, wenn die Flexibilisierung der Arbeitszeit nicht mit den Bedürfnissen der Beschäftigten korrespondiert, sondern ausschließlich oder überwiegend genutzt wird, um betriebliche Interessen und Vorgänge zu optimieren. Wenn also das Unternehmen besonders durch Arbeitszeitflexibilisierung an Marktschwankungen und Auftragsschwankungen angepasst wird, indem also etwa just-in-time produziert wird.

So genutzte flexible Arbeitszeiten, wie auch Schichtmodelle, können dazu führen, dass individuelle zeitliche Regelmäßigkeiten der Arbeitszeit und Regelmäßigkeiten der Beziehung von Arbeitszeit und Freizeit gestört und zerstört werden und die Freizeit verschwindet: „Die Freizeit erhält potentiell den Charakter einer permanenten Bereitschaftszeit."[255] Das gilt ebenso für kollektive Zeiten, sie können ebenfalls instabil werden und sich destabilisieren. In einer globalisierten an marktlichen Anforderungen orientierten Wirtschaft und damit auch Gesellschaft, wird ständig und durchgehend irgendwo von irgendjemandem gearbeitet.

[254] Vgl. ARBEITGEBERVERBAND GESAMTMETALL, 2003: S. 49 Abbildung 13
[255] HIELSCHER & HILDEBRANDT, 1999: S. 244

Das bedeutet aber gleichzeitig, dass die Arbeits- und Familienzeiten von sozialen Gruppen, Freunden und Bekannten immer differenzierter und unterschiedlicher werden. Gerade bei Gruppen, die hinsichtlich ihrer Tätigkeiten und privaten Verpflichtungen sehr inhomogen sind, bringt dies große Vereinbarkeitsprobleme mit sich. Gemeinsame Zeiten immer schwerer zu synchronisieren und zu koordinieren oder anders gesagt: Vereinbarungen sind mit immer höheren individuellen Kosten verbunden, da mehr Zeit, Aufwand etc. investiert werden muss, um zu synchronisieren und zu koordinieren. Kosten entstehen den Beschäftigten zudem allgemein dadurch, dass beide Lebensbereiche unter flexiblen Arbeitszeiten individuell koordiniert und synchronisiert werden müssen.

Es wird immer schwieriger überhaupt soziales Leben zu organisieren und zu ermöglichen. Es kann passieren, dass „die Auflösung verlässlicher Zeitmuster in der Arbeitswelt zu einer Erhöhung der Synchronisationsleistungen des einzelnen, teilweise auch zur Desynchronisation der Lebenswelt führt: Familien, Freunde, Verwandte oder Gleichgesinnte (Vereine, Gruppen etc.) müssen ihre Zeiten immer wieder neu abstimmen".[256] Es besteht somit die Gefahr steigender Flexibilitätsanforderungen, die nicht ausgeglichen werden können und besonders hoch sind, wenn beide Partner erwerbstätig sind und flexible Arbeitszeiten haben.

Gemeinsame Zeiten, wie Familienzeiten werden weniger, besonders wenn die Arbeitszeiten der betreffenden Beschäftigten ungünstig liegen. Die Vereinbarkeit von beruflichen und familiären Zeitbedarfen wird nach einer Untersuchung von FAGAN & BURCHELL (2002) vor allem durch überlange Arbeitszeiten, Abendarbeit, Nachtarbeit, Schichtarbeit und Wochenendarbeit, variierte Anfangszeiten und Endzeiten und eine Variation der Anzahl der Arbeitstage in der Woche erschwert. FAGAN & BURCHELL (2002) konstatieren, dass sich Arbeits-

[256] EBERLING & HENKEL, 2000: S. 245

zeiten in „unsocial hours"[257] auch negativ auf die Vereinbarkeit der beruflichen und außerberuflichen Zeitbedarfe auswirken, wenn sie von den Beschäftigten selbst gelegt werden können.[258]

Flexiblere Arbeitszeiten und ein damit ansteigender Selbstregulierungsanteil der Arbeitszeit durch die Beschäftigten müssen damit nicht unbedingt zu einer steigenden Zeitsouveränität der Beschäftigten führen, denn diese wird bei einer Dominanz von betrieblichen Interessen nicht ermöglicht.[259] Wenn die Länge und die Lage der Arbeit vor allem von den Arbeitsanforderungen abhängt, dann werden die individuellen Wünsche und Bedürfnisse der Beschäftigten nicht so sehr berücksichtigt, wie in der Untersuchung von KRATZER (2003) gezeigt wird. Er stellt fest, dass: „Die Spielräume einer besseren Vereinbarkeit von Arbeit und Leben sind folglich vor allem der lebensweltlichen Flexibilität geschuldet und nicht der arbeitsweltlichen Flexibilisierung."[260]

Arbeitszeitkonten

Bei Arbeitszeitkonten besteht die Gefahr der Fremd- und Selbstüberforderung durch eine Ausweitung der Arbeitszeiten aufgrund von erhöhten Leistungs- und Aufgabenanforderungen. In Folge kann eine weitgehende Unterordnung des Privatlebens unter betriebliche Anforderungen befürchtet werden. Es kann dazu führen, dass die Beschäftigten die Bereiche Arbeit und Leben nicht klar genug voneinander oder zu ungunsten des Privatlebens abgrenzen. Besonders bei Arbeitszeitkonten, bei denen es zu ständigen und kurzfristigen Veränderungen der Arbeitszeit oder zu Arbeit auf Abruf kommen kann, besteht die Gefahr, dass die Grenzen zwischen Arbeitszeit und Freizeit zu ungunsten der Privatzeit verschoben werden oder ganz aufgehoben werden, was im schlimmsten Fall dazu führen

---

[257] Index aus überlangen Arbeitstagen, Abend- und Nachtarbeit
[258] Vgl. FAGAN & BURCHELL, 2002: S. 76 In der Untersuchung konnte weiter gezeigt werden, dass eine Vereinbarkeit für die meisten Beschäftigten am besten zu erreichen war, wenn die Arbeitszeiten dem Normalarbeitszeitstandart entsprachen (Vgl. FAGAN, & BURCHELL, 2002: S. 83).
[259] Vgl. HIELSCHER & HILDEBRANDT 1999, S. 237

kann, dass sich das Privatleben destabilisiert und eine Planbarkeit unmöglich wird. Probleme können dabei vor allem dann auftreten, wenn die Beschäftigten nur Zeit von ihren Konten nehmen können, wenn die Personal- und Auftragslage des Unternehmens dies zulässt. Die Beschäftigten müssen lernen dies zu verhindern und ihre Zeitinteressen zu finden und durchzusetzen.

Dahingehend sind die Arbeitszeitkonten ambivalent zu beurteilen, es kommt auf die konkrete Umsetzung im Unternehmen an. Die Grenzen für eine individuelle Zeiteinteilung sind in betrieblichen Faktoren wie der Branche, der wirtschaftlichen Lage, der Art der Kundenbeziehung, der Personalpolitik und der Unternehmenskultur zu erwarten. Faktoren wie die Branche und die Unternehmenskultur haben wohl einen indirekten Einfluss auf die Gestaltung der Arbeitszeit. Einen direkten Einfluss auf die individuelle Arbeitszeiteinteilung haben dagegen die Art der Kundenbeziehung und besonders die Personalbemessung und damit zusammenhängend die Größe der Belegschaft in Relation zur Auftragslage. Wenn in absatzstarken Zeiten ständig Mehrarbeit zu leisten ist, weil zu wenige Beschäftigte zur Verfügung stehen, besteht für die Beschäftigten keine Möglichkeit, um Zeit von den Konten zu nehmen und Zeitguthaben abzubauen. Wenn dieses Zeitguthaben dann einfach ausbezahlt werden kann, findet faktisch eine Arbeitszeitverlängerung statt.

Das Abbauen von Zeitguthaben kann für die Beschäftigten ebenso unvorteilhaft sein, wenn es nicht mit dem Partner, sozialen Bezugspersonen oder Betreuungszeiten abgestimmt werden kann. Ein weiteres Problem für Eltern ist, dass die Kinder eine kontinuierliche Zuwendung, trotz flexibler Arbeitszeiten der Eltern, benötigen. Längere freie Zeiten am Stück ermöglichen zwar Möglichkeiten, aber die täglichen Probleme bei der Koordination der Verpflichtungen und die resultierenden zeitlichen Probleme bleiben in Zeiten von Mehrarbeit bestehen. Hier

---

[260] KRATZER, 2003: S. 209

wären feststehende Freizeiten förderlich, um zu vereinbaren und um eine zeitliche Übereinstimmung von Pflegebedürfnis und Pflegemöglichkeit herzustellen.

Arbeitszeitkonten, die so nur zur bestmöglichen Gestaltung ökonomischer Parameter und Interessen genutzt werden, funktionieren nicht zur Verbesserung der Work-Life-Balance: Wenn die zeitlichen Bedürfnisse der Beschäftigten unbeachtet bleiben, dann ist nicht von einer freien Zeiteinteilung der Beschäftigten zu sprechen. Daher ist davon auszugehen, dass die Vereinbarkeit von Arbeit und Leben für die Beschäftigten nicht allein, bzw. dominant vom Arbeitszeitmodell abhängt, sondern vielmehr von der jeweiligen Anwendung im Unternehmen. Für eine beschäftigtenfreundliche Anwendung ist Mitbestimmung durch die Beschäftigten notwendig, um Grenzen für die Konten zu definieren, einen zeitlichen Ausgleich durchsetzen zu können und um die Verteilung der Arbeitszeit, ihre Lage und Dauer mitentscheiden zu können, letztendlich um das Leben nicht ständig verschieben zu müssen.
In der Studie „Prekäre Balancen“ von EBERLING et al. (2004) können diese theoretisch erwartbaren Folgerungen weitgehend bestätigt werden. Es wird herausgestellt, dass es zu einer begrenzten „Individualisierung des Arbeitszeitkonflikts“ kommt[261] und zwar durch den gestiegenen Einfluss der Beschäftigten auf die Arbeitszeiten und ihre gleichzeitig gestiegene Verantwortung.

Zudem werden mit der Selbststeuerung von den Beschäftigten unternehmerische Interessen verinnerlicht. Im Ganzen wird der Gebrauch von Zeitkonten und von Blockfreizeiten nicht oder nur untergeordnet durch Zeitsouveränität der Beschäftigten, sondern primär durch betriebliche Anforderungen bestimmt. Bei schlechter Auftragslage steigt die Autonomie der Beschäftigten, während bei guter Auftragslage und dünner Personaldecke Zeitkonflikte entstehen, da diese Bedingungen im Unternehmen ausgehandelt werden.

[261] EBERLING et al., 2004: S. 203

Im Allgemeinen aber wünschen die Beschäftigten sich eher eine regelmäßige Arbeitszeit und „Blockfreizeit ist oftmals die schlechtere Alternative zu einer täglich regelmäßigen Arbeitszeit.“[262] Gerade für Mütter mit kleinen Kindern sind Blockfreizeiten nur mäßig vereinbarkeitsfördernd, da diese Gruppe aufgrund ihrer stetigen Erziehungsarbeit, die sich eben nicht verschieben lässt, seltener Guthaben an Zeit aufbauen kann.

Ein vorhandenes Zeitguthaben abzubauen wird genauso zum Problem. Praktisch werden Arbeitszeitkonten überwiegend nur für kurze Auszeiten genutzt. Längere Urlaube oder Blockfreizeiten können nur selten und dann mit langen Aushandlungen genommen werden,[263] und zwar meist aufgrund von einseitigem markt- und kundenorientiertem Vorgehen, ständiger Personalknappheit, hohen Leistungsanforderungen, betrieblichen Spezialisierungen der Beschäftigten und Angst vor beruflichen Nachteilen. Bei kurzen und kurzfristigen Zeitentnahmen ist es ebenfalls entscheidend für die Erzeugung von Nutzen für die Beschäftigten, dass sie sich nicht ständig aufgrund von zu wenig Personal an betrieblichen Bedürfnissen, wie einer guten Auftragslage, ausrichten müssen. Die von den Beschäftigten geforderte Flexibilität müssen diese auch selbst für sich einfordern können.

Die Problematik der Zeitentnahme von Arbeitszeitkonten bzw. des Ausgleichs der Konten wird in einer weiteren Studie empirisch belegt. Bei einer Untersuchung von Unternehmen mit besonders flexiblen Arbeitszeitmodellen, die von den Unternehmensleitungen aus Rationalisierungsgründen eingesetzt wurden, konnte KLENNER (1997) feststellen, dass die Zeiträume zum Ausgleich der Konten teilweise von einem Monat bis zu einem Jahr differieren. Ober- und Untergrenzen der Konten variieren ebenfalls sehr stark und nicht in allen untersuchten Unternehmen wurden Obergrenzen festgelegt. Unregelmäßige Arbeitszeiten und

[262] EBERLING et al., 2004: S. 205
[263] Vgl. EBERLING et al., 2004: S. 213.

kurzfristige Änderungen derselben machen Planungen allerdings unmöglich. In einigen Unternehmen gibt es zwar Arbeitszeitpläne, die über ein ganzes Jahr gehen, in anderen Unternehmen werden die Arbeitszeiten aber erst drei bis acht Tage vor Beginn der Arbeit angemeldet. Die Arbeitszeiten waren meist abhängig vom Schichtbetrieb, saisonalen Zyklen etc., während die Beschäftigten nur sehr vereinzelt über die Lage und Dauer der eigenen Arbeitszeit (mit)entscheiden durften.

Das Richtmaß war dabei die Normalarbeitszeit und Teilzeit nur sehr selten.[264] Kürzere Arbeitszeiten wurden nicht praktiziert, während längere Arbeitszeiten durch die Betriebsleitung angeordnet wurden, um die Nachfrage zu befriedigen. In einzelnen Unternehmen wurden die Arbeitszeiten in Arbeitsgruppen abgestimmt, dann konnte die Lage der Arbeitszeit zumindest beeinflusst werden.[265] Sehr verschiedenartig war die Entnahme von Zeitguthaben. Bei einigen Beschäftigten waren Entnahmenmöglichkeiten vollständig durch den Arbeitgeber determiniert, in anderen Fällen konnte in Hinsicht auf die Freizeit mehr mit entschieden werden, allerdings: „Völlige Zeitautonomie der Beschäftigten bei der Wahl der Freizeit kam erwartungsgemäß nicht vor."[266]
Ein interessantes Problem kristallisiert sich in dieser Untersuchung heraus, nämlich dass es keine Überstunden mehr gibt, denn als Überstunden werden nur noch Arbeitszeiten gefasst, die z. B. am Wochenende liegen oder Arbeitszeiten, die zu kurzfristig angesetzt wurden, erst nach Ende der Ankündigungsfrist. Zuschläge für Mehrarbeit entfallen somit meist, was ebenfalls als Nachteil für die Beschäftigten zu bezeichnen ist, wobei dies mit mehr Freizeit und Möglichkeiten der Einflussnahme auf die Lage der Freizeit kompensiert werden kann.

[264] Vgl. KLENNER, 1997: S. 254ff.
[265] Vgl. KLENNER, 1997: S. 260f.
[266] KLENNER, 1997: S. 262

KLENNER (1997) kommt zu dem Fazit, dass Arbeitszeitkonten mit Arbeitszeitverkürzungen und individueller Gestaltungsfreiheit einhergehen können, allerdings hält sie tarifliche Rahmenregelungen etwa Mindestnormen wie Höchstarbeitszeiten, Mindestankündigungsfristen, Zeitzuschläge bei Arbeitszeitflexibilität, die sehr kurzfristig sind und auch individuelle Anspruchs- bzw. Verfügungsrechte über die Zeitguthaben für notwendig, um die Zeitsouveränität der Beschäftigten zu erhöhen. Dazu sollte es Regelungen für maximale Zeitguthaben geben, damit aus Plusstunden nicht unbezahlte Überstunden werden, wenn die maximalen Zeitguthaben nicht eingehalten werden.[267] Um das Gelingen einer Work-Life-Balance zu gewährleisten, müssten die Guthaben regelmäßig und nach den Bedürfnissen der Beschäftigten abgebaut werden können. Wenn dies aufgrund eines Mangels an Arbeitskräften nicht möglich ist, sollten Neueinstellungen erwogen werden. Die Arbeitszeitflexibilisierung wurde in den untersuchten Unternehmen nicht von familienfreundlichen Überlegungen, wie der Berücksichtigung von privaten Verpflichtungen, gerahmt. Maßnahmen zur Frauenförderung, wie Teilzeit in Führungspositionen, wurden nicht beachtet.[268] Daher kann davon ausgegangen werden, dass die Maßnahmen aus Gründen der Rationalisierung und nicht zur Verbesserung der Work-Life-Balance der Beschäftigten eingeführt wurden.

Arbeitszeitverkürzung und Teilzeitarbeit

Nachteile für Beschäftigte von Arbeitszeitverkürzungen und Teilzeitarbeit können direkt und indirekt sein. Es können direkte Nachteile für die Beschäftigten auftreten, wie eine mögliche geringere soziale Absicherung und schlechtere Karrieremöglichkeiten, besonders wenn bestimmte Maßnahmen, wie Weiter- und Fortbildungen, diesen Beschäftigtengruppen nicht angeboten werden. Ebenso können direkte Nachteile durch finanzielle Einbußen auftreten oder durch die Intensivierung der Arbeit und der Leistung, dass also mehr Leistungen in kürze-

[267] Vgl. KLENNER, 1997: 254ff.

rer Zeit abgefordert und dadurch die Zeiten für die Regeneration erhöht werden, wodurch wiederum die Freizeit sinkt. Daneben sind indirekte Nachteile zu konstatieren. Wenn die Manager z. B. nicht die Leistung der Beschäftigten, sondern ihre Anwesenheit für relevant halten und daran ihr Engagement für das Unternehmen messen, dann können den Beschäftigten Nachteile entstehen, wenn sie trotzdem Arbeitszeitverkürzungen in Anspruch nehmen. Zu denken wäre dabei an eine besondere nachteilige Behandlung, Nachteile bei Beförderungen, schlechtere Arbeitsbedingungen etwa in Form von Zuteilungen ungünstigerer Arbeitszeiten oder auch Zuschreibung eines Status als Abweichler.[269]

Kürzere Arbeitszeiten und Arbeitszeitflexibilisierungen bringen zu dem nicht in jedem Fall mehr Zeitwohlstand und Lebensqualität, sondern nur, wenn sie mit Zeitsouveränität zusammenfallen. Die Arbeitszeiten müssen auch stabil und verlässlich sein, um Planbarkeiten zu ermöglichen. Vor allem müssen die Beschäftigten, um eine gestiegene Lebensqualität zu erfahren ein eigenständiges, reflexives Zeitinteresse entwickeln, das ihr Verständnis von Zeitwohlstand beinhaltet.[270] Und dieses Zeitinteresse müssen sie durchsetzen wollen und durchsetzen können.

Zudem müssen Arbeitszeitverkürzungen von Männern nicht zwangsläufig dazu führen, dass diese mehr Familienarbeit leisten. Denn dafür ist weiter eine bestimmte Lebensführung notwendig.[271] Ebenso sind keine direkten Auswirkungen und Veränderungen in Bezug auf die Hierarchien der Geschlechter zu erwarten, denn Arbeitszeitverkürzungen führen nicht ohne weiteres zu einer Umverteilung von Arbeit, Macht und Ressourcen.[272]

---

[268] KLENNER, 1997: S. 260

[269] Daher sind kollektive Regelungen zur Arbeitszeitverkürzung vorteilhafter, da sie diese negativen Auswirkungen verhindern helfen.

[270] Vgl. HIELSCHER & HILDEBRANDT, 2000: S. 146ff.

[271] Vgl. BAUER, 2001: S. 511

[272] Vgl. JURCZYK, 1998: S. 181ff.

Gleitzeit

Nachteile für die Beschäftigten können entstehen, wenn sie sich oft und kurzfristig an betriebliche Anforderungen anpassen müssen und somit ihre privaten Planungen umdisponieren müssen. Daneben ist wie bei flexiblen Arbeitszeiten im Allgemeinen mit größerem Koordinationsaufwand zu rechnen, in Form von längeren Verhandlungen um die Arbeitszeiteinteilungen, wenn z. B. Kernzeiten beachtet werden müssen.

Zudem können Konflikte zwischen Beschäftigten untereinander und zwischen ihnen und dem Unternehmen entstehen. Es besteht die Gefahr und es ist darauf zu achten, dass bestimmte Gruppen, z. B. Eltern, nicht bei der Verteilung der Arbeitszeiten benachteiligt werden und unangenehmere Arbeiten oder Arbeitszeiten zugeteilt bekommen, etwa aufgrund privater Verpflichtungen oder weil sie bei der Verteilung der Zeiten nicht anwesend sein konnten.

Vertrauensarbeitszeit

Generell steckt in Arbeitszeiten, die flexibel erweitert werden können und bei denen alle Arbeitszeitnormen relativiert werden, für Beschäftigte die Gefahr der Überforderung durch überlange Arbeitszeiten. Zwar muss bei selbstbestimmter Arbeitszeit das Arbeitszeitgesetz in gleicher Weise beachtet werden und „unter den bestehenden rechtlichen Rahmenbedingungen ist die Vereinbarung von Vertrauensarbeitszeit i. S. e. völlig zeiterfassungsfreien und ungeregelten Arbeitszeitgestaltung nicht zulässig“, aber „es bestehen keine ausreichenden Möglichkeiten zur Durchsetzung“.[273] Der Arbeitgeber zieht sich aus der Arbeitszeitgestaltung und -kontrolle zurück. Die Beschäftigten werden mit den direkten Anforderungen von Markt und Kunden konfrontiert. Diese Faktoren können nun das Arbeitszeitverhalten weitgehend determinieren, die Beschäftigten halten sich selbst zu effizientem Arbeitsverhalten an, denn mit Zeit muss jetzt ökonomisch, als knapper Ressource, umgegangen werden. Zeitkontrolle wird durch Ergebniskontrolle ersetzt und damit werden auch Schutzmechanismen, wie etwa feste Arbeitszeiten, ausgehebelt.

Vertrauensarbeitszeit kann daher gerade bei ungünstigen Rahmenbedingungen, wie Personalmangel und Termindruck, zur Entgrenzung der Arbeit und Überlastung der Beschäftigten führen. Dadurch erhält die Arbeit immer mehr Einfluss auf das Leben. Dies kann Selbstüberforderungen bis zur Selbstausbeutung nach sich ziehen. Und zwar indem die Grenzen der Arbeit weiter ausgedehnt werden und zwar zu Lasten des Privatlebens, das einen immer kleiner werdenden Raum zugebilligt bekommt. Arbeit und Leben „sind zunehmend nicht mehr eindeutig konturiert und abgegrenzt, sondern verwischen sich, und ihr Verhältnis zueinander wird dadurch zu einer nun aktiv individuell zu leistenden Aufgabe".[274] Derart flexible Arbeitsbedingungen können dazu führen, dass es zu einer Demotivierung und einem Ausgebranntsein der Beschäftigten kommt.[275]

Außerdem kann es durch die Vertrauensarbeitszeit zur Benachteiligung bestimmter Gruppen kommen: „Ein typisches Beispiel für eine Gruppe von ‚Verlierern' in Vertrauensarbeitszeit zeigt ein Unternehmen der chemischen Industrie [...]. Dort erleben teilzeitbeschäftigte Frauen, die Kinder zu betreuen haben, erhebliche Nachteile durch Vertrauensarbeitszeit, weil ihre persönliche Flexibilität eingeschränkt ist, während ein hohes Maß an Flexibilität seitens der Kollegen und Vorgesetzten erwartet wird."[276]

Dies deutet schon darauf hin, dass die Arbeitszeitkultur des Unternehmens und damit formelle und informelle Regelungen zur „richtigen" Legung der Arbeitszeit, einen großen Einfluss darauf haben, ob die Maßnahmen positive oder nega-

---

[273] GRUNEWALD, 2005: S. 455
[274] GOTTSCHALL & VOß, 2003: S. 19
[275] Allgemein dazu SENNETT, 2000
[276] WINGEN et al., 2004: S. 193f.

tive Auswirkungen auf die Beschäftigten haben. Diese formellen und informellen Regeln können im Prinzip verstanden werden als eine rahmende Ordnung, die nur ganz bestimmte Möglichkeiten einer konkreten Umsetzung und Arbeitszeiteinteilung ermöglicht, die überhaupt in Betracht gezogen werden und als legitim gelten.

Noch deutlicher wird dieser Einfluss in der Studie von BÖHM et al. (2002). In einem von ihnen dargelegten Beispiel eines Unternehmens wird eine Arbeitszeitkultur der Leistungssteigerung und Entgrenzung praktiziert. Im betreffenden Unternehmen müssen die Beschäftigten zeitlich ständig verfügbar sein. Die Arbeitsleistung muss laufend verbessert werden, was auf die Arbeitszeit wirkt. Die Arbeitszeit wird aufgrund der Forderung einer ständigen Leistungssteigerung und dem Versuch einer Umsetzung rationalisiert. Dies geschieht, indem Pausen und Leerzeiten wegfallen, Mehrarbeit und Telearbeit geleistet werden. Die Belastung durch die Arbeit steigt damit ständig an und die Leistungsanforderung kann nie vollständig erfüllt werden. Trotzdem konstatieren die Autoren, dass Vertrauensarbeitszeiten nicht nur vom Unternehmen dazu genutzt werden, flexibel zu reagieren, sondern auch Vorteile für die Vereinbarkeit von Beruf und Familie bringen.[277]

Es hängt somit von der Unternehmenskultur ab, ob Vertrauensarbeitszeit zu einer Balance oder einer Dysbalance von Arbeit und Leben führt, bzw. eine solche verstärkt. Zeitsouveränität und individuelle Arbeitszeitgestaltung können nur dort praktiziert werden, „wo grundsätzlich die regulative Idee der individuellen Arbeitszeitfreiheit kulturell verankert ist.“[278]

Ob die Vertrauensarbeitszeit ein adäquates Instrument zur besseren Vereinbarkeit von Arbeit und Leben darstellt, hängt von der Fähigkeit der Beschäftigten

[277] Vgl. BÖHM et al., 2002: S. 435 ff.
[278] BÖHM et al., 2004: S. 226

zur Selbstbeschränkung ab, also davon, wie die Beschäftigten die hohe Verantwortung, die ihnen überantwortet wird, nutzen, ob auf vernünftige oder selbstausbeuterische Weise.[279] Ebenso von den gesetzten Zielen, vom aufgetragenen Arbeitsvolumen, also letztlich von der Zeit, die für die Erbringung der gesetzten Aufgaben nötig ist; hier ist eine Mitbestimmung über den Arbeitsumfang entscheidend. Des Weiteren hängt es dann eventuell von bestimmten betrieblichen Restriktionen und Bedingungen wie Maschinenzeiten und der Unternehmenskultur etc. ab.

Abgestufte Teilzeit nach Erziehungsfreistellung und Teilzeit während der Elternzeit

Ein zu früher Wiedereinstieg nach einer Erziehungsfreistellung kann trotz geringer und abgestufter Arbeitszeit eine zu hohe Belastung darstellen und die Work-Life-Balance gefährden, gerade wenn es sich um das erste Kind handelt und damit vollkommen neue und unbekannte Lebensbedingungen auf die Eltern zukommen. Diese Gefahr der Überbelastung besteht ebenfalls bei der Teilzeit während der Elternzeit und zwar vor allem, wenn die Beschäftigten vom Unternehmen und dem privaten Bereich sehr gefordert werden.

Jahresarbeitszeit

Nachteile und Kosten von Jahresarbeitszeit können für Beschäftigte entstehen, wenn sie ihre Arbeitszeiten betrieblichen Bedürfnissen anpassen müssen und Mehrarbeit und Überstunden in Zeiten von hohem Arbeitsaufkommen leisten müssen. Daher besteht die Gefahr der maßlosen Arbeit in bestimmten Zeitphasen, besonders in saisonabhängigen Branchen.

---

[279] Zu dieser Diskussion PONGRATZ & VOẞ, 2003, auch KRATZER, 2003

Job-Sharing

Durch das Job-Sharing können den Beschäftigten Nachteile entstehen, wenn die Arbeitszeiten nicht konstant sind, sich permanent ändern und damit Planungen des Alltags schwieriger bzw. aufwendiger werden. Dadurch erhöht sich der Koordinationsaufwand des Alltagslebens und gegebenenfalls erhöht sich ebenso der Betreuungsaufwand für die Kinder. Ein höherer Koordinationsaufwand und gewisses Konfliktpotential bestehen wohl generell, denn es sind Unterschiede in den zeitlichen Präferenzen der Beschäftigten zu erwarten. So kann angenommen werden, dass beispielsweise Beschäftigte mit Kindern Arbeitszeiten präferieren, in denen ihre Kinder betreut werden und die anderen Beschäftigten in diesem Fall die restlichen Zeiten übernehmen sollen.
Zusätzlich kann es wie bei Teilzeitarbeitenden, Benachteiligungen bei Weiterbildungen und Karrierechancen geben.

Freie Regelung der Pausen

Permanent wechselnde Pausenzeiten und ungünstige Anpassungen der Pausen an betriebliche Abläufe können zu Belastungen der Beschäftigten führen, besonders wenn die Beschäftigten bei psychisch oder physisch anstrengenden Tätigkeiten regelmäßige Regenerationszeiten benötigen, um ihre Leistungsfähigkeit und Gesundheit zu erhalten oder wiederherzustellen.

Sabbatical und Erziehungsurlaub

Nachteile von Sabbatical und Erziehungsurlaub können finanzielle Einbußen in und nach den Maßnahmen sein. Es kann passieren, dass den Beschäftigten nach der beruflichen Auszeit eine schlechtere Stelle im Unternehmen zugewiesen wird und sie schlechtere Karrierechancen haben, z. B. bedingt durch eine Veraltung des Know-hows und einen Verlust der beruflichen Routine. Des Weiteren fällt der Marktwert der Arbeitskraft durch einen Kompetenzverlust, dies kann längere Einarbeitungen oder/und Fort- und Weiterbildungen nötig werden lassen. So konnte empirisch an Führungskräften gezeigt werden, dass Sabbaticals und Erziehungsjahre für sie die Auswirkung haben, dass der Verdienst geringer ist und die Aufstiegsmöglichkeiten in den nächsten 3-5 Jahren schlechter sind, als bei Führungskräften, die im Unternehmen anwesend waren.[280]

Es können ferner Kosten in Form von psychischen, physischen und sozialen Belastungen für die Beschäftigten entstehen, wenn die Arbeitszeit, die eigentlich während des Sabbaticals geleistet werden müsste, geballt vor diesem geleistet werden muss. Dies kann gesundheitliche Beeinträchtigungen durch zu kurze Regenerationszeiten aufgrund der zusätzlich zu leistenden vorgezogenen Arbeitszeit nach sich ziehen. Soziale Beziehungen und private Verpflichtungen werden in dieser Zeit ebenso vernachlässigt.

Ein zusätzliches Problem besteht daher bei Beschäftigten, die permanente Verpflichtungen, etwa für Pflegebedürftige haben, die nicht verschoben werden können. Für die betroffenen Beschäftigten besteht dann dass Problem darin, überhaupt Zeitguthaben anzuhäufen.

Sonderurlaub

Es können Probleme mit der Akzeptanz dieser Maßnahme, der Freistellung für Familienarbeit bei Kollegen und Vorgesetzten auftreten. Nachteile entstehen dann, wenn den betreffenden Beschäftigten durch Vorgesetzte und Kollegen eine negative Behandlung widerfährt.[281]

---

[280] Vgl. JUDIESCH & LYNESS, 1999: S. 147ff.

[281] Diesen Nachteilen kann durch eine erfolgreiche Unternehmensphilosophie und Informations- und Kommunikationspolitik entgegengewirkt werden.

Arbeit mit nach Hause nehmen

Wenn die Beschäftigten Arbeit mit nach Hause nehmen, können ihnen Kosten durch Selbstüberbelastungen entstehen. Denn bei den Beschäftigten besteht eine erhöhte Motivation, die Arbeit von Zuhause aus schnell und besonders gut zu erledigen, um zu zeigen, dass sie auch hier gut und verlässlich arbeiten. Und eben dies kann zu Überbelastungen beitragen.[282]

Telearbeit, Teleheimarbeit und alternierende Telearbeit

Bei Telearbeitern verändert sich die Nutzungsform der Arbeitskraft völlig, damit fallen die gewöhnlichen Grenzen von Arbeit und Leben weg. Arbeitsverhältnisse und Arbeitszeiten entstandardisieren sich und die gesamte Arbeit flexibilisiert sich. Besonders bei Telearbeitern, die nur einen Arbeitsplatz zu Hause haben, wo möglicherweise noch Arbeits- und Lebensbereich nicht klar unterschieden sind und die ihre Arbeit und Arbeitszeit selbstständig einteilen müssen, können die Grenzen zwischen Arbeit und Privatleben sehr schnell verschwimmen. Denn: „Je ‚selbstorganisierter' Arbeitsformen werden, umso deutlicher verwischen sich die Zeiten (und Orte) der beiden bisher klar getrennten Sphären."[283] Und zwar gerade auch weil die Beschäftigten als abhängig Beschäftigte oft ihre Fähigkeiten mittels Ressourcen aus dem Privatleben ziehen und sich in Hinsicht auf ihre Zeiteinteilung, sozialen Anforderungen und kollektiven Zeitnormen selbst motivieren und managen müssen.[284]

Durch das Verschwimmen der Grenzen kann oft nicht der nötige Abstand zur Arbeit gewonnen werden.[285] Es ist somit nicht immer deutlich und zwar weder in Bezug auf die Zeit, noch auf den Raum, wann der Teleheimarbeiter erwerbstätig ist und wann er privat tätig ist. Diese Abgrenzung kann für externe Be-

---

[282] Vgl. Deutscher Industrie und Handelskammertag u. a., 2004: S. 14

[283] Gottschall & Voß, 2003: S. 20

[284] Hier ließe sich vom Arbeitskraftunternehmer und seiner andauernden Selbstökonomisierung sprechen. Siehe dazu Pongratz & Voß, 2003 und Voß & Pongratz 1998.

obachter und für ihn selbst enorm schwierig werden. Die Beschäftigten müssen ihr Verhältnis von Arbeit und Leben und ihren gesamten Alltag zunehmend eigenverantwortlich und eigenständig strukturieren und begrenzen, es gilt „neue Handlungsparameter zu finden und zu stabilisieren: ein aktives (Neu-)Strukturieren der Handlungsräume, eine selbstgesteuerte neue Spezialisierung und damit (Re-)Differenzierung von Funktionen und Kompetenzen, eine für die jeweiligen Umstände passende erneute gezielte Be-Grenzung der erweiterten Optionen."[286]

Die Arbeit muss verstärkt selbst strukturiert, rational geformt und potenzielles Arbeitsvermögen selbstständig in konkrete Arbeitsleistung überführt werden. Dies ist aber nur möglich, wenn die Arbeitskraft nicht nur Objekt der Rationalisierung ist, sondern, wenn sie „zum Subjekt der Rationalisierung wird und eine aktive Rolle in der Organisationsentwicklung einnimmt".[287] Die Beschäftigten sollen „mit ‚subjektiven' Beiträgen den Arbeitsprozess auch unter ‚entgrenzten' Bedingungen im Sinne der Betriebsziele aufrecht [...] erhalten".[288] Damit müssen sie teilweise eine Arbeit übernehmen, die vorher von den Unternehmen übernommen wurde. Dadurch erweitern sich einerseits die Gestaltungsmöglichkeiten der Beschäftigten, wobei andererseits gleichzeitig Entlastungsmöglichkeiten, die durch die Begrenzung von Verantwortung und Gestaltungszwängen bestanden, verschwinden.[289] Durch erweiterte Selbstorganisation, genauer eine „fremdorganisierte Selbstorganisaton",[290] durch die mehr Autonomie ermöglicht wird und eigene Formen der Problemlösung entworfen werden können, werden Entlastungen abgebaut und es kann „mehr Druck durch mehr Freiheit"[291] entstehen, etwa durch verstärkte „Kontrolle durch Autonomie"[292] und durch die „In-

[285] Vgl. Büssing, 2004: S. 110
[286] Gottschall & Voß, 2003: S. 15
[287] Moldaschl & Schultz-Wild, 1994: S. 20
[288] Moldaschl & Voß, 2002: S. 14
[289] Vgl. z.B. Moldaschl, 2001
[290] Vgl. Pongratz & Voß, 1997
[291] Vgl. Glißmann & Peters, 2001 und Peters, 2001: S.21
[292] Vgl. Sauer & Döhl, 1994

ternalisierung des Marktes“[293]. Die Beschäftigten identifizieren sich stärker mit ihrer Arbeit und es wird bei zu wenig ausgeprägter Selbstbeschränkung, was die Arbeit anbelangt, mehr gearbeitet, „als normal in einem Büro gearbeitet wird“.[294] Es besteht daher die Gefahr, dass die Beschäftigten sich Selbst überlasten und sich Selbst ausbeuten, Workaholismus und Burnout können die Folge sein.[295]

Wenn die Beschäftigten viel Zuhause arbeiten und sehr lange Arbeitszeiten haben, kann es ferner zu Konflikten und Rechtfertigungsproblemen mit dem privaten Umfeld kommen, warum immer noch und auch noch zu Hause gearbeitet wird. Darüber hinaus kann die Arbeit durch die Familie gestört werden, was eine zusätzliche Belastung darstellt.

Schließlich kann zu wenig Kontakt mit dem Unternehmen und den Kollegen zu einer Isolation führen, die betreffenden Beschäftigten sind und fühlen sich nicht ausreichend in das Unternehmen eingebunden. So stellt ROST (2004) in seiner Untersuchung fest, dass es auch vorkam, dass Beschäftigte wegen der Betriebsnähe und der sozialen Eingebundenheit vom Teleheimarbeitsplatz wieder zum Firmenarbeitplatz zurückkehrten.[296]

Teamarbeit

Bei der Teamarbeit können aufgrund differierender Interessen und Bedürfnisse verstärkt Konflikte bei der Arbeitsplanung entstehen, besonders zwischen Beschäftigten mit familiären Pflichten und Beschäftigten ohne Verpflichtungen. Beschäftigte mit Pflichten sind nun mal weniger flexibel bei der Arbeitszeitplanung, weil sie auf Kinder etc. Rücksicht nehmen müssen. Nachteile entstehen dann, wenn eine der beiden Gruppen wegen dieser Differenzen unangenehmere

[293] Vgl. MOLDASCHL, 1998
[294] KORDEY & SCHUBERT, 2001: S. 116
[295] Zu Arbeitssucht siehe z.B. HEIDE, 2002

Arbeiten oder Arbeitszeiten übernehmen muss. Durch diese Unterschiede können ebenfalls Kosten in Form von höherem Kommunikations- und Koordinationsaufwand entstehen, wenn Arbeitszeiten und Arbeitsinhalte mit den Kollegen ausgehandelt und abgestimmt werden, wobei zudem betriebliche Ansprüche mit einkalkuliert werden müssen.

Überprüfen von Arbeitsabläufen

Wenn Arbeitsabläufe effektiver gestaltet werden, besteht für die Beschäftigten die Gefahr, dass auch die Anforderungen und Belastungen steigen, daher sollte die Verbesserung der Work-Life-Balance über der Erhöhung der Effektivität „um jeden Preis" stehen. Besser noch wäre es, wenn die Arbeitsabläufe gezielt auf die Herstellung einer Balance von Arbeit und Leben hin überprüft werden würden, gemäß des Zwecks der Maßnahme.

6.2.2. Kosten der sekundären Work-Life-Balance-Maßnahmen

Unternehmensphilosophie/-kultur/-leitsätze

In dem von HOCHSCHILD (2002) beobachteten Unternehmen gibt es umfangreiche Angebote zur Kinderbetreuung, Arbeitszeitflexibilisierung und Arbeitszeitverkürzung. Die Maßnahmen zur Kinderbetreuung werden stark nachgefragt, während die Maßnahmen zur Arbeitszeitflexibilisierung dagegen nur von einem Viertel der Beschäftigten und Maßnahmen zur Verkürzung der Arbeitszeit sogar nur von weniger als einem Prozent der Beschäftigten praktiziert werden. So kommt es, dass Vollzeitbeschäftigte in dem Unternehmen 47 Stunden pro Woche arbeiten, wobei Eltern mit kleinen Kindern noch längere Arbeitszeiten haben als die anderen Beschäftigten.[297] Das Interesse an Teilzeitarbeit ist gering, besonders beim Management. Denn obwohl sich die Leitung des Unternehmens bemüht, eine familienfreundliche Unternehmenskultur zu schaffen, wird beson-

---

[296] ROST, 2004: S. 139
[297] Vgl. HOCHSCHILD, 2002: S. 32f.

ders von den mittleren Managern ein hoher Einsatz und ein hohes Engagement für das Unternehmen immer noch gleichgesetzt mit langen Arbeitszeiten.

In den Abteilungen wurde die Arbeitszeitpolitik, die auf die private Verpflichtungen der Beschäftigten Rücksicht nimmt, konterkariert, das heißt die Unternehmensphilosophie wird hier nicht gelebt. Daneben fällt es ebenfalls den Beschäftigten selbst schwer, trotz Überbelastungen und Zeitnot weniger zu arbeiten. Dies wird auch mit der Umkehrung der Bedeutung von Familie und Erwerbsarbeit erklärt. Außerdem wird immer weniger Zeit für das Privatleben aufgebracht, Hausarbeit und Familienarbeit werden zunehmend an externe Dienstleister ausgelagert. Die private Arbeit wird rationalisiert, es wird parallel gearbeitet, Beziehungen in definierten Zeiten geballt erledigt. Die Familienarbeit wird quasi taylorisiert, was im Gegensatz zu den Bedürfnissen der Kinder steht. Die daraus entstehenden Konflikte machen die Erwerbsarbeit ebenfalls attraktiver.
Es sind viele Faktoren an der Entscheidung lange Arbeitszeiten beizubehalten beteiligt, etwa finanzielle Gründe und Angst um den Arbeitsplatz bei unteren Hierarchiestufen. Bei höheren Hierarchiestufen ist die Unternehmenskultur von Bedeutung, verkürzte Arbeitszeiten werden als Hinweis auf fehlendes Engagement für das Unternehmen gesehen, sie gefährden Aufstiegschancen, ferner gibt es formelle und informelle Widerstände. Nicht zu vergessen ist die starke Anziehungskraft der Arbeit.

Eine vom Unternehmen erklärte mitarbeiterfreundliche Arbeitskultur verbessert noch nicht das Privatleben und die Balance von Arbeit und Leben. Es kann eben sein, dass die Beschäftigten durch eine Ausweitung ihrer Verantwortung, Maßnahmen zur Verbesserung der Kommunikation und zur Pflege der sozialen Beziehungen im Unternehmen sowie für eine bessere persönliche Anerkennung durch Auszeichnungen, Rituale, etc. so an das Unternehmen gebunden werden, dass sie die unternehmerischen Ziele internalisieren und stärker in die „Unternehmensfamilie" eingebunden werden. Nicht die Familie bildet mehr den Schwerpunkt des Lebens, auch besteht keine Balance zwischen beiden Bereichen, sondern die Erwerbsarbeit dominiert wegen einer veränderten emotionalen Bewertung das Leben. Das Unternehmen wird nun erlebt als eine Möglichkeit für sozialen Austausch und Anerkennung. Zuhause dagegen fühlen sich die Beschäftigten vor allem mit den Kindern überfordert und alleingelassen. Das Unternehmen wird zum Zuhause und das eigentliche Zuhause wird als Arbeit erlebt, hier warten die Arbeit und die Probleme, von denen man sich bei der Arbeit erholt.

Wenn eine Unternehmenskultur auf die Beschäftigten so wirkt, dass „das Zuhause zur Arbeit und die Arbeit zum Zuhause"[298] wird, wenn eine „Umpolung" der Bewertungen der beiden Bereiche durch diese Kultur gefördert wird, dann ist die Unternehmenskultur kritisch zu beurteilen. Die Beschäftigten flüchten quasi „in die verlässliche Ordnung, Harmonie und gute Laune der Arbeitswelt", in der ihnen vieles abgenommen und für sie geregelt wird. So geschieht es, dass die „emotionalen Magneten des Zuhauses einerseits und des Arbeitsplatzes andererseits [...] langsam, aber sicher umgepolt"[299] werden. Es kann passieren, wie HOCHSCHILD (2002) beispielhaft aufzeigt, dass Väter kaum Zeit mit ihren eigenen Kindern verbringen, aber kein schlechtes Gewissen haben und sich trotzdem als gute Väter wahrnehmen, weil sie als Vorgesetzte ihre Mitarbeiter wie ein Vater seine Kinder behandeln.[300]

[298] HOCHSCHILD, 2002: S. 48

[299] HOCHSCHILD, 2002: S. 56

[300] Belastend für die Kinder kommt noch hinzu, dass immer mehr Frauen erwerbstätig sind, während die Männer nicht weniger erwerbstätig sind. So waren 1990 etwa 90 Prozent der Frauen der Mitarbeiter im untersuchten Unternehmen erwerbstätig (Vgl. HOCHSCHILD, 2002: S. 29).

Mitarbeitergespräche und Weiterbildungsmaßnahmen für Teilzeitbeschäftigte

Finden diese Maßnahmen in der erwerbsfreien Zeit statt, dann kann dieser zusätzliche Zeitaufwand und der Zeitaufwand durch Anfahrtswege zu einer zusätzlichen Belastung werden.

6.2.3. Kosten der unterstützenden Work-Life-Balance-Maßnahmen

Haushaltservice

Es besteht die Gefahr, dass diese Maßnahme dazu missbraucht wird, bzw. dazu führt, dass die Beschäftigten stärker vom Unternehmen in Anspruch genommen werden oder sich stärker in Anspruch nehmen lassen. Dass also lange und ungünstige Arbeitszeiten absolviert, Feierabend und Freizeit verschoben werden und/oder längerfristig Mehrarbeit geleistet wird und zwar etwa aufgrund einer „Verstärkung der kulturellen Dominanz der Erwerbsarbeit."[301] Das Leben würde so quasi stärker in die Arbeit verlagert werden, wodurch das eigentliche Privatleben zunehmend zum Verschwinden gebracht und gewissermaßen durch Dienstleister übernommen wird. Die Erwerbsarbeit gewinnt im Leben der Beschäftigten an Dominanz, sie werden länger und stärker an das Unternehmen gebunden. Diese Maßnahme könnte also zum Gegenteil dessen führen, was eigentlich bezweckt werden sollte, nämlich eine Entlastung der Beschäftigten, stattdessen könnte sie so angewendet zu Stress, Überbelastung und Selbstausbeutung führen.

Darüber hinaus kann es zu einer Rationalisierung und Effizienzsteigerung des Privatlebens kommen. Es ist aber zu erwarten, dass die Familien bzw. zumindest die Kinder einer umfassenden Rationalisierung der Lebensverhältnisse Grenzen setzen, weil sie ihren eigenen Rhythmus haben.

[301] JURCZYK & OECHSLE, 2002: S. 6

Bei den nicht genannten Maßnahmen konnten keine nennenswerten Nachteile und Kosten für die Beschäftigten ausgemacht werden.

Es kann abschließend festgehalten werden, dass die Herstellung einer Balance von Arbeit und Leben ein individueller kontinuierlicher und aktiver Akt der Selbstorganisation ist. Zu einer „gelungenen „Work-Life-Balance" sind [...] Kompetenzen wie Selbstorganisationsfähigkeiten, Zeitverantwortung und Eigenmotivierung vonnöten, die häufig erst erlernt werden müssen."[302]

6.3. Kosten-Nutzen-Kalkulation

Zusammenfassend kann festgehalten werden, dass die Maßnahmen bei adäquater Anwendung besonders folgende Nutzenpositionen für die Beschäftigten haben:

- Bessere Vereinbarkeit von Arbeit und Leben im Allgemeinen
- verstärkte Berücksichtigung der individuellen Bedürfnisse der Beschäftigten
- verbesserter Wiedereinstieg nach Auszeiten
- verbesserte Abstimmung von Arbeitsgestaltungen, Arbeitszeitgestaltungen und individuellen Bedürfnissen
- Ermöglichung von Karriere und Weiterbildungen neben privaten Verpflichtungen
- Verbesserung der Gesundheit durch bessere Vereinbarkeit von Arbeit und Leben, z. B. Abbau von Stress

So erhielten in einer Untersuchung des EUROPRESSEDIENSTES erwartungsgemäß auch 37,5 % der Unternehmen mit 1001-3000 Beschäftigten von mehr als 60 %

[302] BÜSSING, 2004: S. 119

ihrer Beschäftigten ein positives Feedback auf ihre familienfreundlichen Maßnahmen.

Allerdings erhielten in derselben Studie gerundet 29 % der Unternehmen kein Feedback von ihren Beschäftigten und 17,5 % der Unternehmen machen zu der Frage, wie das Feedback der Beschäftigten auf die angewendeten Maßnahmen sei, keine Angaben.[303] Zumindest Ersteres, das fehlende Feedback der Beschäftigten, kann darauf hindeuten, dass die Beschäftigten keinerlei Verbesserungen oder Veränderungen feststellen konnten. Und somit kann davon ausgegangen werden, dass ihre Work-Life-Balance nicht verbessert oder hergestellt wurde.

Wie im letzten Kapitel gesehen, lassen sich somit ebenfalls negative Auswirkungen auf die Beschäftigten ausmachen. Es können besonders folgende potenzielle Kosten und Nachteile für die Beschäftigten vermerkt werden:

- Erhöhte Anforderungen durch Flexibilisierung hinsichtlich der Vereinbarkeit von Privatleben und Arbeitsleben
- Gefahr einer einseitigen Anpassung von privaten Bedürfnissen an betriebliche und unternehmerische Erfordernisse
- gesteigerter Leistungsdruck
- Entgrenzung von Arbeit, Auswirkungen der Flexibilisierung auf das Privatleben, Erosion der strukturellen Trennung von Arbeit und Leben
- Erhöhung des Synchronisations- und Kommunikationsaufwandes, Auflösung und/oder Einschränkung sozialer Beziehungen
- Veränderung der Bedeutungen von Familie, Privatleben und der Arbeit
- mögliche schlechtere Karrierechancen

---

[303] Vgl. Gemeinnützige Hertie-Stiftung, 2003: S. 23

Diese Nachteile entstehen hauptsächlich bei zweckentfremdeter Anwendung der Maßnahmen und können leicht vermieden werden. Überschlagend kann daher vermerkt werden, dass die Vorteile und der Nutzen von Work-Life-Balance-Maßnahmen bei zweckmäßiger Anwendung der Maßnahmen die Kosten und die Nachteile übertreffen.

7. Ergebnis

Work-Life-Balance-Maßnahmen können bei richtiger Handhabung einen bedeutenden Nutzen für Beschäftigte und Unternehmen bei relativ geringen Kosten für beide Seiten erzeugen. Es konnte gezeigt werden, dass der für Unternehmen durch Work-Life-Balance-Maßnahmen generierte Nutzen nicht nur die Kosten dieser Maßnahmen vollständig zu decken vermag, sondern dass die Maßnahmen sogar eine sehr hohe Rendite ermöglichen.

Erweitert man die eingeschränkte und verkürzte betriebswirtschaftliche Sichtweise und stellt auf eine systemische Beobachtungsweise um, die das System Organisation als Ganzes beobachtet und damit die innere und äußere Umwelt, also die Beschäftigten und die Öffentlichkeit, dann kann man ein besseres Funktionieren der Organisation insgesamt feststellen. Schwer messbarer Nutzen, der oft nur qualitativ eingeschätzt werden kann, wird dann sichtbar, also z. B. direkter Nutzen, wie die Erhöhung der Motivation, und indirekter Nutzen in Form von verbessertem Unternehmensimage.

Darüber hinaus haben die Unternehmen ein Interesse an motivierten, kreativen, psychisch und physisch gesunden Beschäftigten, die leistungsbereiter und leistungsfähiger sind als überarbeitete und ausgebrannte Beschäftigte. Da den Work-Life-Balance-Maßnahmen auch hier positive Auswirkungen zugeschrieben werden können, sind sie aus betriebswirtschaftlicher und personalwirtschaftlicher Perspektive lohnenswert. Auswirkungen, wie Motivation und Imageverbesserungen, können letztendlich auch betriebswirtschaftlich gemessen werden, etwa wenn sie sich in erhöhter Effizienz und Produktivität etc. niederschlagen. Dieser Nutzen ist aktuell wohl entscheidend für die Entscheidung von Unternehmen Work-Life-Balance-Maßnahmen einzusetzen.

Es kann festgehalten werden, dass die in der Einleitung angesprochenen Motive, aus denen Unternehmen Work-Life-Balance-Maßnahmen einsetzen, gerechtfertigt sind. Die mit Work-Life-Balance-Maßnahmen bezweckten Wirkungen wie Erhöhung der Arbeitszufriedenheit und der Motivation, Rekrutierung und Bindung qualifizierter Mitarbeiter, Senkung von Fluktuation und Krankenstand und Erhöhung der Produktivität etc. können durch die Maßnahmen erreicht werden.

Es konnte sogar gezeigt werden, dass die von den Unternehmen angegebenen Hemmnisse, die aus ihrer Sicht gegen die Einführung von Work-Life-Balance-Maßnahmen sprechen, so nicht existieren. Das heißt, es besteht bei den Beschäftigten sehr wohl ausreichend Bedarf nach Work-Life-Balance-Maßnahmen (Kap. 6.1.1.) und bei den Unternehmen dürfte dieser Bedarf nach den sehr positiven Kosten-Nutzen-Kalkulationen und den positiven Auswirkungen ebenfalls bestehen. Das von den Unternehmen konstruierte Hindernis, dass bestimmte Maßnahmen keine betriebliche Aufgabe seien, könnte sich besonders bei einer Verknappung von qualifizierten Beschäftigten zu einem Hindernis für die Unternehmen selbst entwickeln. Und das Hemmnis von zu hohem finanziellem und organisatorischem Aufwand lässt sich so nicht halten. Es stellte sich heraus, dass die Maßnahmen lange nicht so kostenintensiv und aufwendig sind wie von den Unternehmen vermutet wird, sondern im Gegenteil, sich bei sachgemäßer Anwendung der Maßnahmen eine enorme Rendite erwirtschaften lässt.

Weiter ist davon auszugehen, dass die Bedeutung von Work-Life-Balance-Maßnahmen für Unternehmen steigen wird, denn bei anziehender Konjunktur und/oder Eintritt der prognostizierten demographischen Entwicklung wird sich das derzeitige Arbeitskräfteüberangebot in einen Arbeitskräftemangel verwandeln (siehe hierzu Kap. 1.), daher wird es immer wichtiger und schwieriger für die Unternehmen, qualifizierte Beschäftigte zu rekrutieren und langfristig an das Unternehmen zu binden, um die Wettbewerbsfähigkeit zu erhalten. Gerade bei kleinen und mittleren Unternehmen ist dies entscheidend, da sie sehr spezifisch qualifizierte Beschäftigte benötigen und schon in schwierigen wirtschaftlichen Zeiten Probleme haben diese zu finden und zu binden. Somit kann angenommen werden, dass sich Maßnahmen zur Herstellung einer Work-Life-Balance der Beschäftigten zu einem bedeutenden Instrument der betrieblichen Personalpolitik entwickeln werden.

Eine Work-Life-Balance ist, wie in der Auseinandersetzung mit den Maßnahmen deutlich wurde, vor allem abhängig von Faktoren, wie den Arbeitsanforderungen, der Unternehmenskultur, den privaten Anforderungen und dem privaten Umgang mit den Maßnahmen, also auch vom Verhältnis der Beschäftigten zur Arbeit und zum Leben, dem Alter, Geschlecht und beruflichen Status. Um den Erfolg dieser Maßnahmen zu sichern, ist es wichtig, dass private Bedürfnisse der Beschäftigten in ausreichendem Maße durch das Unternehmen berücksichtigt werden und zwar auch in Hinsicht auf die angebotenen Maßnahmen. Diese sollten auf den Bedarf der Beschäftigten abgestimmt werden.

Es sollten ebenfalls verschiedene Lebensentwürfe respektiert und ermöglicht werden, was gewährleistet wird, wenn den Beschäftigten Mitspracherechte gewährt werden, um ihre Bedürfnisse direkt zu kommunizieren. Zusätzlich ist es wichtig für den zweckmäßigen Einsatz von Work-Life-Balance-Maßnahmen, dass die Maßnahmen und insgesamt die Beschäftigtenfreundlichkeit in die Unternehmensphilosophie integriert und in ihr verankert werden. Und zwar um ihre Durchsetzung im gesamten Unternehmen zu erleichtern und dafür zu sorgen, dass diese beschäftigtenfreundliche Mentalität ständig aktiv praktiziert wird. Unterstützung für diesen Prozess finden die Unternehmen, wie von den Spitzenverbänden der deutschen Wirtschaft empfohlen, in Managementinstrumenten wie dem Audit Beruf & Familie der Beruf & Familien GmbH.[304]

---

[304] Es darf nicht vergessen werden, dass das Engagement der Unternehmen und Beschäftigten mit der Einführung der Maßnahmen nicht abgeschlossen oder beendet ist, sondern ein Prozess in Gang gesetzt werden muss,

Es konnte weiter gezeigt werden, dass den Beschäftigten durch zweckmäßig eingesetzte Work-Life-Balance-Maßnahmen ebenfalls mehr Vor- als Nachteile aus diesen Maßnahmen folgen. Die Vereinbarkeit von Arbeit und Leben, die Work-Life-Balance der Beschäftigten, kann verbessert werden. Es lässt sich also nicht sagen, dass es bei Maßnahmen wie etwa der Notfallbetreuung von Kindern nur um die bessere Ausbeutung der Arbeitskraft geht, indem alle möglichen privaten Störfaktoren ausgeschlossen oder minimiert werden und die Arbeitskraft länger und konzentrierter zur Verfügung steht.

Solche Maßnahmen führen durchaus zu einer Entlastung von Beschäftigten und zwar nicht unbedingt nur, wenn diese großes Interesse an Karriere und Leistung haben und sich von privaten Verpflichtungen entlasten wollen, wie es vor allem unterstützende Work-Life-Balance-Maßnahmen möglich machen. Durch eine Flexibilität in Bezug auf Dauer, Lage und Verteilung der Arbeit und der Arbeitszeit etc. kann den Beschäftigten eine Souveränität ermöglicht werden, die ihnen Handlungsspielräume eröffnet und somit Möglichkeiten zur Vereinbarkeit von privater und beruflicher Sphäre bietet.

Die Beschäftigten müssen sich aber ihrer Lebensentwürfe, Bedürfnisse und Wünsche im Hinblick auf Bedingungen der Arbeitserbringung gewahr werden, um ihre persönliche Balance von Arbeit und Leben zu finden. Um diese Balance dann durchsetzen zu können, müssen sie die Gleichwertigkeit von Privatleben und Berufsleben einfordern, dazu gehören die Einforderung von Freizeiten wie Wochenende, Feierabend und –tagen, die mit dem Normalarbeitsverhältnis zu verschwinden drohen.[305] Denn für eine Vereinbarkeit ist ausreichend nutzbare Zeit nötig, die abhängig ist von den genauen Bedingungen der Leistungserbrin-

---

nämlich ein kontinuierlicher Verbesserungsprozess. Dazu stehen dem Unternehmen auch Hilfen wie das Audit Beruf und Familie und Total E-Quality e. V. zur Verfügung.

[305] BOSCH, (2002) dagegen geht davon aus, dass es eine Differenzierung von Arbeitsverhältnissen gibt, das Normalarbeitsverhältnis aber nicht erodiert (Vgl. BOSCH, 2002: S. 19).

gung, ebenso wie von der Beanspruchung durch die Arbeit und dem Regenerationsbedarf.
Es kann abschließend festgehalten werden, dass sich die Work-Life-Balance-Maßnahmen auf die Beschäftigten negativ auswirken, wenn ihre Interessen und Bedürfnisse nicht ausreichend berücksichtigt werden. Dies ist vor allem dann der Fall, wenn die Maßnahmen, z. B. die Notfallbetreuung für Kinder, von den Unternehmen nicht primär dazu genutzt werden, die Vereinbarkeit von Arbeit und Leben zu erleichtern und damit die Arbeits- und Lebensqualität zu steigern, sondern dazu, die Anforderungen an die Beschäftigten zu erhöhen und diese noch stärker in das Unternehmen einzubinden und einzuspannen, indem private und familiäre Störungen ausgeschaltet werden. Primär geht es dann darum, eine kurzfristig erhöhte Arbeitskraftverausgabung zu erreichen oder um die Produktion an Marktschwankungen und Auftragsschwankungen anzupassen, um so Produktivität, Effizienz und Wirtschaftlichkeit zu steigern. Auch wenn nur Teile der Beschäftigten, etwa die Hochqualifizierten, in den Genuss von Work-Life-Balance-Maßnahmen kommen, ist dies problematisch zu beurteilen und es kann auf die anderen Beschäftigten demotivierend wirken.

In diesen Fällen werden die mannigfachen Nutzenpotentiale von Work-Life-Balance-Maßnahmen für Unternehmen konterkariert oder es entstehen ihnen sogar Kosten durch höhere Fehlzeiten etc. Daher ist es für beide Parteien am nützlichsten die Maßnahmen und Maßnahmenbündel als das zu gebrauchen, was sie sind, nämlich Mittel zur Verbesserung der Work-Life-Balance. Wenn es gelingt eine Work-Life-Balance-Mentalität zu schaffen, in der quasi der Weg das Ziel ist, wenn in Balance gearbeitet und gelebt wird, dann kann Work-Life-Balance zu einer Form von Arbeitsregulierung werden, so dass eine erfolgreiche Work-Life-Balance der Beschäftigten zu einem Standard für Arbeitsverhältnisse wird.

Literatur

Arbeitgeberverband Gesamtmetall (Hrsg.) (2003): Veränderungen der Arbeitswelt in der Metall- und Elektro-Industrie. Eine Befragung von Unternehmensleitungen und Mitarbeitern. Köln.

Backes-Gellner, U.; Kranzusch, P.; Schröer, S.; Kay, Rosemarie (2003): Familienfreundlichkeit im Mittelstand – Betriebliche Strategien zur besseren Vereinbarkeit von Beruf und Familie. Bonn.

Badura, B.; Schellschmidt, H.; Vetter, C. (Hrsg.) (2004): Fehlzeiten-Report 2003 Zahlen, Daten, Analysen aus allen Branchen der Wirtschaft. Wettbewerbsfaktor Work-Life-Balance. Betriebliche Strategien zur Vereinbarkeit von Beruf, Familie und Privatleben. Berlin, Heidelberg, New York.

Badura, B.; Vetter, C. (2004): "Work-Life-Balance" – Herausforderung für die betriebliche Gesundheitspolitik und den Staat. In: Badura, B.; Schellschmidt, H.; Vetter, C. (Hrsg.): Fehlzeiten-Report 2003. Wettbewerbsfaktor Work-Life-Balance. Berlin, Heidelberg, New York, S. 1-17.

Bauer, F. (2001): Kann das neue Teilzeit- und Befristungsgesetz die Geschlechterdiskriminierung aufbrechen? In: WSI Mitteilungen, H. 8, S. 508-513.

Beblo, M.; Ortlieb, R. (2005): Der Einfluss von Arbeitsbedingungen und Haushaltskontext auf krankheitsbedingte Fehlzeiten. Eine geschlechterbezogene Analyse auf Basis der Sozio-ökonomischen Panels. In: Zeitschrift für Arbeits- und Organisationspsychologie A & O Themenheft Work-Life-Balance 49. Jahrgang (23) / Heft 4, S. 187-195.

Becker, G. S. (2003): Die Bedeutung der Humanvermögensbildung in der Familie für die Zukunft von Wirtschaft und Gesellschaft. In: Leipert, C. (Hrsg.): Demographie und Wohlstand – Neuer Stellenwert für Familie in Wirtschaft und Gesellschaft, Opladen, S. 89-102.

Becker, S. (2003a) : Strategien einer familienbewussten Personalpolitik. In: Personal. Zeitschrift für Human Resource Management. Work-Life-Balance Heft 11/2003, S.26-28.

Becker, S. (2003b): Mit Familie zum Unternehmenserfolg. Nutzeneffekte einer familienbewussten Personalpolitik. In: Personalwirtschaft, Magazin für Human Resources 7/2003, S. 32-35.

Becker, S.; de Graat, E.; Wingen, M. (1999): Gesellschaftliche, sozialrechtliche und familienpolitische Rahmenbedingungen für eine familienbewusste Personalpolitik – Sachlage und Perspektiven. In: Gemeinnützige Hertie-Stiftung (Hrsg.): Unternehmensziel: Familienbewusste Personalpolitik. Ergebnisse einer wissenschaftlichen Studie. Köln, S. 283-350.

Berger, R. (2004): Familienfreundliche Unternehmenskultur und Innovationsfähigkeit. In: Schmidt, R.; Mohn, L. (Hrsg.): Familie bringt Gewinn. Innovation durch Balance von Familie und Arbeitswelt. Gütersloh, S. 77-85.

Beruf und Familie (2006): http://www.beruf-und-familie.de/index.php?c=infothek.massnahmen [Zugriff am 15.05.2006].

Beruf und Familie gGmbH (2002): Kundenbefragung Audit „Beruf & Familie" – Bereits zertifizierte Unternehmen – Projektbericht zur telefonischen Unternehmensbefragung, durchgeführt von TNS EMNID http://www.beruf-und-

familie.de/files/dldata//cf6c9147b4603c698ce41cbc907815b0/EMNID_audit.pdf
[Zugriff am 15.05.2006].
Blossfeld, H.-P.; Drobnic, S. (2002): Careers of Couples in Contemporary Society: From Male Breadwinner to Dual Earner Families. Oxford.

Böhm. S.; Herrmann,C.; Trinczek, R. (2002): Löst Vertrauensarbeitszeit das Problem der Vereinbarkeit von Familie und Beruf? In: WSI Mitteilungen, H. 8, S. 435-441.

Böhm, S.; Herrmann, C.; Trinczek, R. (2004): Herausforderung Vertrauensarbeitszeit. Zur Kultur und Praxis eines neuen Arbeitszeitmodells. Berlin.

Bosch, G. (2002): Auf dem Weg zu einem neuen Normalarbeitsverhältnis? – Veränderungen von Erwerbsläufen und ihre sozialstaatliche Absicherung. In: K. Gottschall; B. Pfau-Effinger (Hrsg.): Zukunft der Arbeit und Geschlecht. Diskurse, Entwicklungspfade und Reformoptionen im internationalen Vergleich. Opladen, S.107-134.

Bosch, D.; Pietzcker, M. (2003): Das Büro folgt der Arbeit. Flexible Arbeitsgestaltung bei Siemens. In: Personal. Zeitschrift für Human Resource Management. Work-Life-Balance Heft 11/2003, S. 32-35.

Braun, L. G. (2004): Familienorientierte Personalpolitik aus Unternehmersicht. In: Schmidt, R.; Mohn, L. (Hrsg.): Familie bringt Gewinn. Innovation durch Balance von Familie und Arbeitswelt. Gütersloh, S. 70-76.

Bundesministerium für Familie, Senioren, Frauen und Jugend; Zentralverband des Deutschen Handwerks; Europäische Union; Europäischer Sozialfonds (Hrsg.) (ohne Jahr):

Familienfreundliche Maßnahmen im Handwerk. Potenziale, Kosten-Nutzen-Relationen, Best Practises. http://www.familien-wegweiser.de/RedaktionBMFSFJ/Broschuerenstelle/Pdf-Anlagen/Familienfreundliche-Ma_C3_9Fnahmen-im-Handwerk,property=pdf,bereich=,rwb=true.pdf [Zugriff am 15.05.2006].

Bundesministerium für Familie und Senioren (Hrsg.) (1994): Vorstellungen für eine familienorientierte Arbeitswelt der Zukunft - Die Unternehmensbefragung. Stuttgart u.a.

Bundesministerium für Familie, Senioren, Frauen und Jugend in Zusammenarbeit mit der Europäischen Union, Europäischer Sozialfond (Hrsg.) (2003a): Betriebswirtschaftliche Effekte familienfreundlicher Maßnahmen. Kosten-Nutzen-Analyse, Berlin.

Bundesministerium für Familie, Senioren, Frauen und Jugend; Deutsches Zentrum für Altersfragen; Destatis (Hrsg.) (2003b): Die Familie im Spiegel der amtlichen Statistik. http://www.bmfsfj.de/RedaktionBMFSFJ/Broschuerenstelle/Pdf-Anlagen/PRM-24184-Gesamtbericht-Familie-im-Spieg,property=pdf,bereich=,rwb=true.pdf [Zugriff am 15.05.2006].

Bundesministerium für Familie, Senioren, Frauen und Jugend in Zusammenarbeit mit der Europäischen Union, Europäischer Sozialfond (Hrsg.) (2004a): Erwartungen an einen familienfreundlichen Betrieb. Erste Auswertung einer repräsentativen Befragung von Arbeitnehmerinnen und Arbeitnehmern mit Kindern oder Pflegeaufgaben. Berlin. http://www.bmfsfj.de/RedaktionBMFSFJ/Broschuerenstelle/Pdf-

Anlagen/erwartungen-familienfreundlicher-betrieb,property=pdf,bereich=,rwb=true.pdf [Zugriff am 15.05.2006].

Bundesministerium für Familie, Senioren, Frauen und Jugend (Hrsg.) (2004b): Betrieblich unterstützte Kinderbetreuung. Konzepte und Praxisbeispiele. http://www.bmfsfj.de/RedaktionBMFSFJ/Broschuerenstelle/Pdf-Anlagen/PRM-24043-Broschure-Betrieblich-unterstu,property=pdf,bereich=,rwb=true.pdf [Zugriff am 15.05.2006].

Bundesministerium für Familie, Senioren, Frauen und Jugend (2005a): Work-Life-Balance. Motor für wirtschaftliches Wachstum und gesellschaftliche Stabilität. Analyse der volkswirtschaftlichen Effekte – Zusammenfassung der Ergebnisse. Berlin. http://www.bmfsfj.de/RedaktionBMFSFJ/Broschuerenstelle/Pdf-Anlagen/Work-Life-Balance,property=pdf,bereich=,rwb=true.pdf [Zugriff am 15.05.2006].

Bundesministerium für Familie, Senioren, Frauen und Jugend (Hrsg.) (2005b): Familienfreundliche Regelungen in Tarifverträgen und Betriebsvereinbarungen. Beispiele guter Praxis http://www.bmfsfj.de/RedaktionBMFSFJ/Abteilung2/Pdf-Anlagen/familienfreundliche-regelungen,property=pdf.pdf [Zugriff am 15.05.2006].

Busch, C.; Rump, J. S. (1999): Chancen und Möglichkeiten der Vereinbarkeit von Familie und Beruf in Klein- und Mittelbetrieben. In: Gemeinnützige Hertie-Stiftung (Hrsg.): Unternehmensziel: Familienbewusste Personalpolitik. Ergebnisse einer wissenschaftlichen Studie. Köln, S. 39-84.

Büssing, A. (2004): Telearbeit – Chance zur Balance zwischen Arbeit, Familie und Freizeit? In: Badura, B.; Schellschmidt, H.; Vetter, C. (Hrsg.): Fehlzeiten-Report 2003 Zahlen, Daten, Analysen aus allen Branchen der Wirtschaft. Wettbewerbsfaktor Work-Life-Balance. Betriebliche Strategien zur Vereinbarkeit von Beruf, Familie und Privatleben. Berlin, Heidelberg, New York, S. 107-120.

Center for Ethical Business Cultures (1997): Creating High Performance Organizations: The Bottom Line Value of Work/Life Strategies.http://www.cebcglobal.org/Publications/WorkLife/WL_Report.htm [Zugriff am 15.05.2006].

Cisek, G. (2001): Vision einer natürlichen Lebensarbeitszeit. In: Marr, R. (Hrsg.): Arbeitszeitmanagement Grundlagen und Perspektiven der Gestaltung flexibler Arbeitszeitsysteme. Berlin, S.33-49.

Crompton, R. (2002): Erwerbsarbeit und Sorgearbeit – Rekonfiguration von Geschlechterverhältnissen in England, Frankreich und Norwegen. In: K. Gottschall; B. Pfau-Effinger (Hrsg.): Zukunft der Arbeit und Geschlecht. Diskurse, Entwicklungspfade und Reformoptionen im internationalen Vergleich. Opladen, S.137-160.

Deutscher Industrie- und Handelskammertag und Bundesministerium für Familie, Senioren, Frauen und Jugend und Beruf & Familie GmbH (Hrsg.) (2004): Familienorientierte Personalpolitik. Bonn.

Dex, S.; Scheibl, F. (1999): Business Performance and Familiy-Friendly Policies. In: Journal of General Management. Vol. 24, No. 4, S. 22-37.

Dilger, A.; Gerlach, I.; Schneider, H. (2006): Forschungszentrum Familienbewusste Personalpolitik. Thesenpapier: Ergebnisse der Befragung „Betriebswirtschaftliche Effekte familienbewusster Maßnahmen". http://www.ffp-muenster.de/Thesenpapier/Thesenpapier_FFP_Ergebnisse_der_Befragung.pdf [Zugriff am 15.05.2006].

Dold, S. (2004): Familienorientierte Unternehmenspolitik in Klein- und Mittelbetrieben – Beispiele aus der Praxis. In: Badura, B.; Schellschmidt, H.; Vetter, C. (Hrsg.): Fehlzeiten-Report 2003 Zahlen, Daten, Analysen aus allen Branchen der Wirtschaft. Wettbewerbsfaktor Work-Life-Balance. Betriebliche Strategien zur Vereinbarkeit von Beruf, Familie und Privatleben. Berlin, Heidelberg, New York, S.213-239.

Eaton, S. (2001): If You Can Use Them: Flexibility Policies, Organizational Commitment, and Perceived Productivity. Kennedy School of Government. Working Paper No. 01-009. Cambridge. http://ksgnotes1.harvard.edu/Research/wpaper.nsf/rwp/RWP01-009/$File/rwp01_009_eaton.pdf [Zugriff am 15.05.2006].

Eberling, M.; Henkel, D. (2000): Städtische Zeitstrukturen im Wandel. In: Hildebrandt, E. (Hrsg.) in Zusammenarbeit mit G. Linne: Reflexive Lebensführung. Zu den sozial-ökologischen Folgen flexibler Lebensführung. Berlin, S. 231-247.

Eberling, M.; Hielscher, V.; Hildebrandt, E.; Jürgens, K. (2004): Prekäre Balancen. Flexible Arbeitszeiten zwischen betrieblicher Regulierung und individuellen Ansprüchen. Berlin.

Eichhorst, W.; Thode, E. (2003): Vereinbarkeit von Familie und Beruf, Benchmarking Deutschland Aktuell. Gütersloh.

Eichhorst, W.; Thode, E. (2004): Vereinbarkeit von Familie und Beruf – Deutschland im internationalen Vergleich. In: Badura, B.; Schellschmidt, H.; Vetter, C. (Hrsg.): Fehlzeiten-Report 2003 Zahlen, Daten, Analysen aus allen Branchen der Wirtschaft. Wettbewerbsfaktor Work-Life-Balance. Betriebliche Strategien zur Vereinbarkeit von Beruf, Familie und Privatleben. Berlin, Heidelberg, New York, S.19-44.

Engelbrech, G. (2002): Was sagen Arbeitsmarktdaten zur Vereinbarkeit von Familie und Beruf? In: Lange, J. (Hrsg.): Kinder & Karriere. Sozial- und steuerpolitische Wege zur Vereinbarkeit von Beruf und Familie. Rehburg-Loccum, S. 35-73.

Erler, G. A. (2004): „Diversity“ als Motor für flankierende personalpolitische Maßnahmen zur Verbesserung der Vereinbarkeit von Familie und Beruf. In: Badura, B.; Schellschmidt, H.; Vetter, C. (Hrsg.): Fehlzeiten-Report 2003 Zahlen, Daten, Analysen aus allen Branchen der Wirtschaft. Wettbewerbsfaktor Work-Life-Balance. Betriebliche Strategien zur Vereinbarkeit von Beruf, Familie und Privatleben. Berlin, Heidelberg, New York, S. 147-159.

Esch, K.; Stöbe-Blossey, S. (2002): Kinderbetreuung: Ganztags für alle? Differenzierte Arbeitszeiten erfordern flexible Angebote. IAT-Report, 9. Gelsenkirchen: Institut Arbeit und Technik.

Evans, J. (2001): Firms′ contribution to the reconciliation between work and family life. Labour Market and Social Policy occasional Papers No. 48, OECD. Paris.

Fagan, C.; Burchell, B. (2002): Gender, jobs and working conditions in the European Union. Luxembourg.

fast4ward (2004): Vereinbarkeit von Beruf und Familie – Ergebnisse der Online-Umfrage 2003. http://www.fast-4ward.de/downloads/ff_Umfrageergebnisse.pdf [Zugriff am 15.05.2006].

Fauth, A.; Willenegger, A. (2001): Erfahrungen aus einem mittelständischen Handelsunternehmen: Individuelle Arbeitszeit im Textilhaus Ludwig Beck. In: Marr, R. (Hrsg.): Arbeitszeitmanagement Grundlagen und Perspektiven der Gestaltung flexibler Arbeitszeitsysteme. Berlin, S. 217-227.

Fauth-Herkner, A.; Münich-Wienes, A.; Wiebrock, S. (1999): Konzept und Realisierung des Audits Beruf & Familie. In: Gemeinnützige Hertie-Stiftung (Hrsg.): Unternehmensziel: Familienbewusste Personalpolitik. Ergebnisse einer wissenschaftlichen Studie. Köln, S. 249-281.

Fauth-Herkner, A. (2004): Flexible Arbeitszeitmodelle zur Verbesserung der „Work-Life-Balance“ In: Badura, B.; Schellschmidt, H.; Vetter, C. (Hrsg.): Fehlzeiten-Report 2003 Zahlen, Daten, Analysen aus allen Branchen der Wirtschaft. Wettbewerbsfaktor Work-Life-Balance. Betriebliche Strategien zur Vereinbarkeit von Beruf, Familie und Privatleben. Berlin, Heidelberg, New York, S. 91-106.

Flüter-Hoffman, C. ; Solbrig, J. (2003): Monitor Familienfreundlichkeit. http://www.iwconsult.de/lokales/trends04-03-2.pdf [Zugriff am 15.05.2006]

Galinsky, E.; Johnson, A. (1998): Reframing the Business Case for Work-Life Initiatives. New York.

Gemeinnützige Hertie-Stiftung (Hrsg.) (1999): Unternehmensziel: Familienbewusste Personalpolitik. Ergebnisse einer wissenschaftlichen Studie. Köln.

Gemeinnützige Hertie-Stiftung (Hrsg.) (2003): Strategien einer familienbewussten Unternehmenspolitik. Berichtsband durchgeführt von Europressedienst Bonn http://www.erfolgsfaktor-fami-lie.de/data/downloads/studien/Strategien%20einer%20familienbewussten%20Unternehmenspolitik.pdf
[Zugriff am 15.05.2006].

Gerlach, I. (2004): Familienpolitik, Wiesbaden.

Ließmann, W.; Peters, K. (2001): Mehr Druck durch mehr Freiheit – Die neue Autonomie in der Arbeit und ihre paradoxen Folgen. Hamburg.
Gottschall, K.; Voß, G. (2003): Entgrenzung von Arbeit und Leben. München, Mering.

Gottschall, K.; Voß, G.G. (2003): Entgrenzung von Arbeit und Leben. Zur Einleitung. In: Gottschall, K.; Voß, G.G. (Hrsg.): Entgrenzung von Arbeit und Leben. Zum Wandel der Beziehung von Erwerbstätigkeit und Privatsphäre im Alltag. München, Mering, S. 11-33.

Groß, H.; Munz, E. (2000): Arbeitszeit ´99; bundesweite repräsentative Befragung von 4.024 Arbeitnehmern und Arbeitnehmerinnen im Frühjahr 1999. Düsseldorf.

Grunewald, H. (2005): Grundlagen und Grenzen der Vertrauensarbeitszeit. Vorgaben des ArbZG und kollektivvertragliche Gestaltungsmöglichkeiten. Schriften zum Sozial- und Arbeitsrecht Band 235. Berlin.

Habermas, J. (1981): Theorie des kommunikativen Handelns. Band 2: Zur Kritik des kommunikativen Handelns. Frankfurt am Main.

Heide, H. (2002): Massenphänomen Arbeitssucht. Historische Hintergründe und aktuelle Entwicklungen einer neuen Volkskrankheit. Bremen.

Hielscher, H.; Hildebrandt, E. (1999): Zeit für Lebensqualität. Auswirkungen verkürzter und flexibilisierter Arbeitszeiten auf die Lebensführung. Berlin.

Hochschild, A. (2002): Keine Zeit. Wenn die Firma zum Zuhause wird und Zuhause nur Arbeit wartet. Opladen.

Hoff, A. (2003): Betriebliche Arbeitszeitgestaltung und „Work-Life-Balance". In: Personal. Zeitschrift für Human Resource Management. Work-Life-Balance Heft 11/2003, S. 36-39.

Hosemann, W.; Burian, K.; Lenz, C. (1992): Vereinbarkeit von Beruf und Familie – ein Thema auch für männliche Mitarbeiter? Neue personalwirtschaftliche Konzepte erweitern die Handlungsmöglichkeiten der Unternehmen. Köln.

Hunziger, A.; Kesting, M. (2004): „Work-Life-Balance" von Führungskräften – Ergebnisse einer internationalen Befragung von Top-Managern 2002/2003 In: Badura, B.; Schellschmidt, H.; Vetter, C. (Hrsg.): Fehlzeiten-Report 2003 Zahlen, Daten, Analysen aus allen Branchen der Wirtschaft. Wettbewerbsfaktor Work-Life-Balance. Betriebliche Strategien zur Vereinbarkeit von Beruf, Familie und Privatleben. Berlin, Heidelberg, New York, S.75-87.

Janke, D. (2004): Betrieblich geförderte Kinderbetreuung. In: Badura, B.; Schellschmidt, H.; Vetter, C. (Hrsg.): Fehlzeiten-Report 2003 Zahlen, Daten,

Analysen aus allen Branchen der Wirtschaft. Wettbewerbsfaktor Work-Life-Balance. Betriebliche Strategien zur Vereinbarkeit von Beruf, Familie und Privatleben. Berlin, Heidelberg, New York, S.121-130.

Judiesch, M. K.; Lyness, K. S. (1999): Left behind? The impact of leaves of absence on managers career success. Academy of Management Journal, 42, S. 139-149.

Jurczyk, K. (1998): Zeitordnungen als Ordnung der Geschlechter. In: Weis, K. (Hrsg.): Was treibt die Zeit? Entwicklung und Herrschaft der Zeit in Wissenschaft, Technik und Religion. München, S. 159-192.

Jurczyk, K; Oechsle, M.(2002): Die fluide Gesellschaft. Entgrenzung ohne Ende? In: Diskurs: Moderne Zeiten. Zur Entgrenzung von Arbeit und Leben. Leverkusen 3, S. 5-8.

Jürgens, K.; Reinecke, K. (1998): Zwischen Volks- und Kinderwagen. Auswirkungen der 28,8-Stunden-Woche bei der VW AG auf die familiale Lebensführung von Industriearbeitern. Berlin.

Jürgens, K.; Reinecke, K. (2000): Anpassung an „atmende Unternehmen“ – Anforderungen an Familien durch flexibilisierte Arbeitszeiten. In: Hildebrandt, E. (Hrsg.), in Zusammenarbeit mit G. Linne. Reflexive Lebensführung. Zu den sozial-ökologischen Folgen flexibler Lebensführung. Berlin, S. 207-229.

Kastner, M. (2004): Work Life Balance als Zukunftsthema. In: Kastner, M. (Hrsg.): Die Zukunft der Work Life Balance. Wie lassen sich Beruf und Familie, Arbeit und Freizeit miteinander vereinbaren? Kröning, S.1-65.

Kleemann, F. (2004): Teleheimarbeit als Privatisierung des beruflichen Lebens? In: Hirschfelder, G.; Huber, B. (Hrsg.): Die Virtualisierung der Arbeit. Zur Ethnographie neuer Arbeits- und Organisationsformen. Frankfurt, New York, S. 288-305.

Klenner, C. (1997): Lässt sich mit Zeitkontenmodellen mehr Zeitsouveränität verwirklichen? In: WSI Mitteilungen, H. 4, S. 254-265.

Knauth, P.; Hornberger, S.; Olbert-Bock, S.; Weisheit, J. (1999): Familienbewusste Personalpolitik in der Großindustrie – Erfahrungen in ausgewählten Handlungsfeldern. In: Gemeinnützige Hertie-Stiftung (Hrsg.): Unternehmensziel: Familienbewusste Personalpolitik. Ergebnisse einer wissenschaftlichen Studie, S. 85-130.

Köper, B. (2004): Zukünftige Anforderungen und Implikationen für die Gesundheit von Menschen und die Bedeutung des betrieblichen Arbeits- und Gesundheitsschutzes. In: Kastner, M. (Hrsg.): Die Zukunft der Work Life Balance. Wie lassen sich Beruf und Familie, Arbeit und Freizeit miteinander vereinbaren? Kröning, S.383-408.

Kordey, N.; Schubert, T. (2001): Telearbeit von Frauen in der europäischen Union: Ein Überblick in Daten. In: Winkler, G. (Hrsg.): Telearbeit und Lebensqualität. Zur Vereinbarkeit von Beruf und Familie. Frankfurt am Main, S. 93-120.

Kramer, U.; Burian, K.; Gerbracht, P.; Hegner, F. (1998): Wettbewerbsstärke und bessere Vereinbarkeit von Familie und Beruf – kein Widerspruch. Flexible Arbeitszeiten in Klein- und Mittelbetrieben. Berlin, Köln.

Kratzer, N. (2003): Arbeitskraft in Entgrenzung Grenzenlose Anforderungen, erweiterte Spielräume, begrenzte Ressourcen. Düsseldorf.

Kudera, W. (2000): Lebensführung als individuelle Aufgabe. In: Kudera, W.; Voß, G.G. (Hrsg.): Lebensführung und Gesellschaft. Beiträge zu Konzept und Empirie alltäglicher Lebensführung. Opladen, S. 77-90.

Kuhn, K. (2004): Work Life Balance als globale Herausforderung. In: Kastner, M. (Hrsg.): Die Zukunft der Work Life Balance. Wie lassen sich Beruf und Familie, Arbeit und Freizeit miteinander vereinbaren? Kröning, S.449-463.

Kuhnert, P. (2004): Work Life Balance trotz Arbeitslosigkeit und instabile Beschäftigung? Paradoxie oder neue Chance? In: Kastner, M. (Hrsg.): Die Zukunft der Work Life Balance. Wie lassen sich Beruf und Familie, Arbeit und Freizeit miteinander vereinbaren? Kröning, S.141-194.

Landert, H. (2001): Erfahrungen aus einem mittelständischen Industrieunternehmen: „Arbeitszeit nach Maß“ bei der Landert-Motoren-AG. In: Marr, R. (Hrsg.): Arbeitszeitmanagement Grundlagen und Perspektiven der Gestaltung flexibler Arbeitszeitsysteme. Berlin, S. 209-215.

Licci, C. (2004): Familienbewusste Unternehmenskultur und Personalentwicklung. In: Schmidt, R.; Mohn, L. (Hrsg.): Familie bringt Gewinn. Innovation durch Balance von Familie und Arbeitswelt. Gütersloh, S. 93-99.

Lindemann, V.; Urmersbach, T. (2005): Möglichkeiten und Grenzen innovativer Arbeitsgestaltung. In: Preis, U. (Hrsg.): Innovative Arbeitsformen. Flexibilisierung von Arbeitszeit, Arbeitsentgelt, Arbeitsorganisation. Köln, S. 15-87.

Linne, G. et al. (2002): Flexibel arbeiten flexibel leben? Die Auswirkungen flexibler Arbeitszeiten auf Erwerbschancen, Arbeits- und Lebensbedingungen, Düsseldorf.

Lümkemann, D. (2004): Work Life Balance durch körperliche Aktivität. In: Kastner, M. (Hrsg.): Die Zukunft der Work Life Balance. Wie lassen sich Beruf und Familie, Arbeit und Freizeit miteinander vereinbaren? Kröning, S.195-219.

Managing Work/Life Balance (2003): Work Life Initiatives: The Way Ahead Report on the
Year 2003 Survey. http://www.worklifebalance.com.au/ [Zugriff am 15.05.2006].

Metz-Göckel, S. (2004): Wenn die Arbeit die Familie frisst: Work-Life-Balance ein Genderproblem? In: Kastner, M. (Hrsg): Die Zukunft der Work Life Balance. Wie lassen sich Beruf und Familie, Arbeit und Freizeit miteinander vereinbaren? Kröning, S. 107-139.

Moldaschl, M. (1998): Internalisierung des Marktes – Neue Unternehmensstrategien und qualifizierte Angestellte. In: ISF, INIFES, IFS, SOFI (Hrsg.): Jahrbuch Sozialwissenschaftliche Technikberichterstattung 1997 – Schwerpunkt: Moderne Dienstleistungswelten. Berlin, S.197-250.

Moldaschl, M. (2001): Herrschaft durch Autonomie – Dezentralisierung und widersprüchliche Arbeitsanforderungen. In: Lutz, B. (Hrsg.): Entwicklungsperspektiven von Arbeit. Berlin, S. 132-164.

Moldaschl, M.; Schultz-Wild, R. (1994): Einführung: Arbeitsorientierte Rationalisierung. In: Moldaschl, M.; Schultz-Wild, R. (Hrsg.): Arbeitsorientierte Rationalisierung. Frankfurt am Main, New York, S. 9-31.

Moldaschl, M.; Voß, G. G. (Hrsg.) (2002): Subjektivierung von Arbeit. München, Mering.

Moldaschl, M.; Voß, G. G. (2002): Zur Einführung. In: Moldaschl, M.; Voß, G. G. (Hrsg): Subjektivierung von Arbeit. München, Mering, S. 13-22.

Möller, I; Allmendinger, J. (2003): IAB-Kurzbericht vom 6. August 2003. Http://doku.iab.de/kurzber/2003/kb1203.pdf [Zugriff am 15. 05. 2006]

Müller, W. R. (2001): Die Akzeptanz von Teilzeitarbeit in Führungspositionen. In: Marr, R. (Hrsg.): Arbeitszeitmanagement Grundlagen und Perspektiven der Gestaltung flexibler Arbeitszeitsysteme. Berlin, S. 373-388.

OECD (2001): OECD-Employment Outlook 2001. Paris.

Opaschowski, H. W. (2004): Work Life Balance: Mehr Wunsch als Wirklichkeit? Zur Problematik der Vereinbarkeit von Beruf und Familie, Arbeit und Freizeit. In: Kastner, M. (Hrsg.): Die Zukunft der Work Life Balance. Wie lassen sich Beruf und Familie, Arbeit und Freizeit miteinander vereinbaren? Kröning, S. 436-448.

Peters, K. (2001): Die neue Autonomie in der Arbeit. In: Ließmann, W.; Peters, K. (Hrsg.): Mehr Druck durch mehr Freiheit. Hamburg, S. 18-40.

Pfahl, S.; Reuyß, S. (2002): Blockfreizeiten und Sabbaticals – mehr Zeit für die Familie? In: WSI Mitteilungen, H. 8, S. 459-465.

Pongratz, H.; Voß, G. (1997): Fremdorganisierte Selbstorganisation – Eine soziologische Diskussion aktueller Managementkonzepte. In: Zeitschrift für Personalforschung, Heft 1, S. 30-53.

Pongratz, H. J.; Voß, G. G. (2003): Vom Arbeitnehmer zum Arbeitskraftunternehmer. Zur Entgrenzung der Ware Arbeitskraft. In: Minssen, H. (Hrsg.): Begrenzte Entgrenzungen. Wandlungen von Organisation und Arbeit. Berlin, S. 225-247.

Prognos (2005): Väterfreundliche Maßnahmen im Unternehmen. Ansatzpunkte – Erfolgsfaktoren – Praxisbeispiele. http://www.prognos.de/data/d/news/1132146148.pdf [Zugriff am 15. 05. 2006]

Rost, H. (2004): Work-Life-Balance Neue Aufgaben für eine zukunftsorientierte Personalpolitik. Opladen.

Sauer, D; Döhl, V. (1994): Kontrolle durch Autonomie – Zum Formwandel von Herrschaft bei unternehmensübergreifender Rationalisierung. In: Sydow, L.; Windeler, A. (Hrsg.): Management interorganisationeller Beziehungen. Opladen, S. 258-274.

Scandura, T.; Lankau, M. (1997): Relationship of gender, familiy responsibility and flexible work hours to organizational commitment and job satisfaction. In: Journal of Organizational Behavior, 18, S. 377-391.

Schönberger, K. (2004): „Ab Montag wird nicht mehr gearbeitet!“ Selbstverwertung und Selbstkontrolle im Prozess der Subjektivierung von Arbeit. In: Hirschfelder, G.; Huber, B. (Hrsg.): Die Virtualisierung der Arbeit. Zur Ethnographie neuer Arbeits- und Organisationsformen. Frankfurt am Main, New York, S. 239-266.

Seifert, H. (2001): Zeitkonten: Von der Normalarbeitszeit zu kontrollierter Flexibilität. In: Marr, R. (Hrsg.): Arbeitszeitmanagement Grundlagen und Perspektiven der Gestaltung flexibler Arbeitszeitsysteme. Berlin, S. 155-170.

Sennett, R. (2000): Der flexible Mensch. Die Kultur des neuen Kapitalismus. Berlin.

Spieß, C. K.; Büchel, F. (2002): Form der Kinderbetreuung und Arbeitsmarktverhalten von Müttern in West- und Ostdeutschland. Stuttgart.

Stratemann, I. (2001): Arbeitszeitflexibilisierung als Mittel der Qualitätssteigerung im Führungsbereich. In: Marr, R. (Hrsg.): Arbeitszeitmanagement Grundlagen und Perspektiven der Gestaltung flexibler Arbeitszeitsysteme. Berlin, S.359-372.

Voß, G.; Pongratz, H.(1998): Der Arbeitskraftunternehmer. Eine neue Grundform der Ware Arbeitskraft? In: Kölner Zeitschrift für Soziologie und Sozialpsychologie, Jg. 50, S. 131-158.

Wächter, H.; Modrow-Thiel, B. (2002): Arbeitsgestaltung als Personalentwicklung. Arbeitsanalyse und die Kritik gängiger Konzeptionen von Personalentwicklung. In: Moldaschl, M. (Hrsg.): Neue Arbeit – Neue Wissenschaft der Arbeit? Heidelberg, Kröning, S. 365-382.

Wingen, S.; Hohmann, T.; Bensch, U.; Plum, W. (2004): Vertrauensarbeitszeit – Neue Entwicklungen gesellschaftlicher Arbeitszeitstrukturen. Dortmund, Berlin, Dresden.

Winnes, R. (1999): Zur Ausgangssituation einer „Familienbewussten Personalpolitik“ der Unternehmen. In: Gemeinnützige Hertie-Stiftung (Hrsg.): Unternehmensziel: Familienbewusste Personalpolitik. Ergebnisse einer wissenschaftlichen Studie. Köln, S. 11-37.